KB060810

영어 문장의
결정적 문법들

김치훈
경남대학교 영어교육과 졸업 후
Australia King's Own Institute TESOL 대학원을 졸업했다.
Sydney Language Center에서 ESL 강사로 근무하면서,
지금까지의 잘못된 문법 교육에 충격을 받는다. 새로운 접근법의
문법 전달이 필요하다고 생각하여, 귀국 후 의도와 이유에 기반한
문법을 가르치면서 올바른 문법 티칭의 길을 걸으려 한다.

영어 문장의 결정적 문법들

지은이 김치훈
초판 1쇄 발행 2023년 4월 10일
초판 2쇄 발행 2023년 5월 15일

발행인 박효상 **편집장** 김현 **기획·편집** 장경희, 김효정 **디자인** 임정현
편집 진행 박진재 **본문·표지디자인** 고희선
마케팅 이태호, 이전희 **관리** 김태옥

종이 월드페이퍼 **인쇄·제본** 예림인쇄·바인딩

출판등록 제10-1835호 **발행처** 사람in **주소** 04034 서울시 마포구 양화로 11길 14-10 (서교동) 3F
전화 02) 338-3555(代) **팩스** 02) 338-3545 **E-mail** saramin@netsgo.com
Website www.saramin.com

ISBN
978-89-6049-803-7 14740
978-89-6049-783-2 세트

우아한 지적만보, 기민한 실사구시 사람in

영어 문장의 결정적 문법들

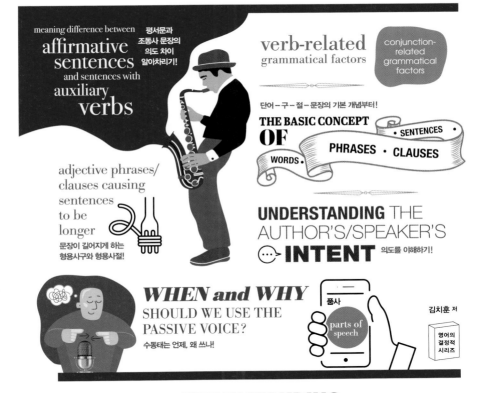

meaning difference between 평서문과 조동사 문장의 의도 차이 알아차리기!
affirmative sentences and sentences with **auxiliary verbs**

verb-related grammatical factors

conjunction-related grammatical factors

단어 – 구 – 절 – 문장의 기본 개념부터!
THE BASIC CONCEPT OF
• SENTENCES
PHRASES • CLAUSES
WORDS •

adjective phrases/ clauses causing sentences to be longer
문장이 길어지게 하는 형용사구와 형용사절!

UNDERSTANDING THE **AUTHOR'S/SPEAKER'S** ⋯ **INTENT** 의도를 이해하기!

WHEN and WHY SHOULD WE USE THE PASSIVE VOICE?
수동태는 언제, 왜 쓰나!

품사
parts of speech

김치훈 저

영어의 결정적 시리즈

UNDERSTANDING GRAMMAR *for* **ENGLISH SENTENCES**

사람in

영문법도 전달 방식만 바뀌면
얼마든지 쉽게 배울 수 있습니다

저는 전형적인 한국식 문법 전달자였습니다. 학생들을 문법 기계들로 키워내며 매일 같은 문법을 다른 난이도로 전달했습니다. 학생들이 문법을 이해하지 못하겠다고 하면 그냥 암기시키는 무책임한 강사였지요.

우연히 기회가 닿아 해외 유학을 가게 되었고, 그곳에서 ESL강사로 일했습니다.(ESL은 실제 쓰이는 영어의 습득을 목적으로, 영어를 영어로 가르치는 과정입니다.) 이때 똑같은 영문법인데 한국에서 전달되는 방식과 영어권 국가에서 전달되는 방식의 차이가 너무나도 크다는 것을 알았습니다. 이 커다란 간극을 깨닫고 한국에 돌아와 영문법을 효율적으로 전달했을 때, 학생들은 이유 없는 기계식 암기 수업을 했을 때보다 수업에 더 집중했고 훨씬 더 만족해했습니다.

이 책에는 한국식 영문법 책에서 볼 수 있는 여러 가지 애매모호한 표현들과 쓸데없이 어렵게 접근하는 문법을 쉽게 풀어 설명함으로써, 독자들은 영문법에 보다 쉽게 접근할 수 있습니다.

그럼 한국식 영문법은 무엇이 문제일까요?

한국식 영문법은 오롯이 How에 치중해 해당 문법을 어떻게 써야 하는지 그 방법만을 전달합니다. 문법은 문장을 구성하는 규칙입니다. 문장 규칙을 가르칠 때는 '어떻게'가 아니라 왜 그렇게 써야 하는지를 필수적으로 알려 줘야 합니다. 우리가 살면서 지키는 규칙이나 법을 어떻게 지키는지를 먼저 알아야 하는 것이 아니라, 왜 지켜야 하는지 알아야 하는 것과 같습니다. 해당 문법을 쓰거나 알아야 하는 이유를 먼저 이해하고 어떻게 적용시킬 것인가를 배우는 게 맞는 순서입니다.

결국, HOW가 아닌 WHY에 초점을 두어야 합니다. Why가 해결되어야 반복 훈련을 통해 그 방법을 터득하는데, 이 과정 없이 학습자들이 암기만 답답하게 하고 있는 것이죠. 영어 문법을 공부하는 사람들에게 수동태를 어떻게 쓰는지 물으면 모두가 'be동사 + p.p.'라고 대답합니다. 하지만 수동태를 왜 써야 하는지, 능동태로 표현하면 안되는지 물어보면 하나같이 대답하지 못합니다. 우리나라 영문법 책에 문법을 쓰는 이유에 대한 설명이 아예 없는 것은 아니지만, 그것조차 터무니없는 경우가 대부분입니다.

이렇게 잘못된 전달 방식이 대부분이다 보니, 영문법 책에 정말 말도 안 되는 예문들이 많습니다. 이 책에서는 어떤 문법을 쓰는 방법이 아니라, 문법을 써야 하는 그 이유를 집중 설명하고 활용 방법을 제시합니다. 그래서 이 책은 반드시 순서대로 차근차근 이해한 후에 다음 챕터로 넘어가길 권합니다. 이미 알고 있는 문법이니 읽지 않고 다음 챕터로 넘어가는 실수는 하지 않았으면 합니다. 장담하는데 이미 알고 있다고 생각하는 내용도 제대로 모르고 있을 확률이 크며, 반드시 교정해야 할 부분일 테니까요.

흐릿하고 무조건 암기만 했던 문법에 명확한 한 줄기 빛이 되기를 바랍니다.

저자 김치훈

영어 문법 공부 4계명

1 ▶ 의도 없는 문장은 없다

모든 문장에는 그 문장을 쓴 사람의 의도가 담겨 있습니다. 현재진행형 대신 쓰인 현재 시제, 미래 시제 will 대신 쓰인 현재진행형 시제, 평서문 대신 조동사를 쓴 문장, 능동태 대신 수동태로 표현한 것은 그것들이 의도하는 바를 더 잘 나타내기 때문입니다. 그래서 문법 공부는 왜 이런 문법이 적용됐는지, 무엇을 의도하는지를 파악하는 수단으로 삼아야 합니다.

2 ▶ 문장을 그렇게 쓰는 건 화자나 필자의 마음이다

앞에서 말한 '의도 없는 문장은 없다'에 이어지는 말입니다. 문장은 쓰는 사람의 마음입니다. 과거의 일을 현재까지 끌고 오고 싶다면 현재완료를 쓸 것이고, 단정하듯이 말한다면 추측이나 가능성을 나타내는 조동사는 쓰지 않을 것입니다. 문장을 대할 때, '아, 이 사람은 이런 의도 때문에 이렇게 썼구나' 하고 받아들이면 됩니다. 그렇게 할 수 있도록 문법을 공부하는 것이죠.

3 ▶ 영어는 효율성을 추구한다

같은 의미를 단어를 덜 쓰고 전할 수 있다면 당연히 그렇게 해야 합니다. 이것이 언어의 특징 중 하나이기도 하고요. 지금까지 생각만 해도 머리 아프던 to부정사, 분사구문, 시제 등은 바로 그 효율성 때문에 존재하며, 그것이 문법 공부를 해야 하는 이유입니다.

4 ▶ 영어에는 style-shifting이 있다

영어에 우리말처럼 명확히 구분되는 반말-존댓말 체계는 없지만, 문장을 읽거나 듣는 사람에 따라 스타일을 달리하는 style-shifting이 있습니다. 이것은 단어의 활용에서 찾을 수 있고, 문장의 구조에서도 찾을 수 있지요. 그것에 해당하는 것이 관계사절과 간접의문문입니다. 이렇게 쓰는 데는 다 이유가 있고, 그 이유를 알면 영어 활용이 더 즐거워집니다.

다른 문법책에는 없는 5가지

①
기본 개념부터
확실히 정립한다

문법을 공부하면서 의외로 구, 절, 품사, 문장 성분의 자리 개념이 안 잡힌 학습자가 많습니다. 이것은 문법 학습이 진행될수록 계속 반복해 나오기 때문에 확실히 잡아야 하는데, 머리에 쏙쏙 들어오는 설명으로 개념이 탄탄하게 잡힙니다.

②
참신한 발상으로 골칫거리
준동사 부분을 커버한다

시제 조절 장치라는 새로운 개념으로, 학습자들을 괴롭히던 준동사 시제 부분을 말끔히 정리합니다. 왜 이렇게 쓰이는지 몰랐던 내용들이 보이면서 문장이 다르게 다가옵니다.

③
의도 파악과 why에 중점을 두어 설명한다

문장의 의도가 무엇인지, 저자가 나타내는 태도가 무엇인지 정확히 파악할 수 있게 설명합니다. 단순히 단어 뜻을 알고 해석하는 것을 넘어, 문장을 썼을 당시 필자의 생각과 의도를 파악하기에 문장 읽기의 재미가 생깁니다.

④
문장에 꼭 필요한
문법만 담았다

문장의 의도를 파악하고 문장을 읽어내는 데 필요한 내용만 담았습니다. 저자는 그것을 동사 파트와 접속사 파트로 보았고, 이 파트만 완벽하게 이해하면 문장 이해에 문제가 없습니다.

⑤
설명은 단순하고 직관적이며
예문이 다양하다

설명은 단순하면서 직관적이고, 이를 뒷받침하는 예문은 다양합니다. 배운 것을 확인하는 독해 지문으로 문법 실력이 한층 다져집니다.

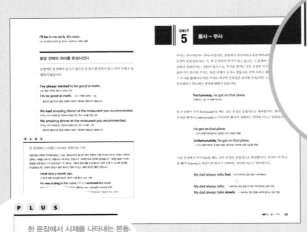

본문

콘텐츠가 단계적으로
구성되어 있으니
앞에서부터 차근차근 읽으세요.

Plus

기존 문법책에서는 다루지 않은,
그렇지만 의도 파악에 필수적인
문법 사항을 담았습니다.

다르게 읽어 보기

앞에서 배운 내용을 확인하는
지문으로, 모르고 읽었을 때와
배우고 읽을 때의 느낌이
다릅니다. 자세한 설명으로
문법 내용이 한층 더 다져집니다.

Attention!

잘못 알고 있어서 사용에 조심해야
하는 내용을 담았습니다.

PART
1

필 수 기 초 정 리

CHAPTER 1 의도 파악의 시작, 기본 개념

기본을 충실히 해야 하는 이유

한국식 영문법을 공부하다 보면 여러 가지 문법 용어를 접합니다. 기본 문법 용어를 이해하는 것은 영문법을 정확히 이해하기 위한 필수 단계로, 마치 어려운 수학 개념을 이해하기 전에 사칙연산을 제대로 알아야 하는 것과 같습니다.

문법 공부를 조금이라도 해 봤다면 '양보의 부사절', '조건의 부사절' 같은 말을 들어 봤을 것입니다. 그러나 이 말이 정확히 무슨 뜻이냐고 물었을 때 돌아오는 말은 "양보하는 부사절?"이라는 웃픈(?) 대답뿐입니다.

여기서는 지금까지 제대로 모르고 넘어갔던 여러 기본적인 문법 용어를 자세히 알아봅니다. "기본 문법 용어 정도는 다 알지!"라고 생각하는 독자님들, 제대로 모르고 있습니다. 기본 문법 용어부터 확실히 자기 것으로 만든 후에 본격적으로 문법을 공부하시기 바랍니다.

UNIT 1 단어, 구, 절

01 단어, 구, 절의 정의

문법책에서 아주 많이 봤던 용어들입니다. 단어, 구, 절은 다음과 같이 이해하세요.

단어
띄어쓰기로 분리할 수 있는 최소의 단위

book (1단어)

those birds (2단어)

a lot of friends (4단어)

구
2단어 이상으로 이루어져 있고, 그 안에 '주어 + 동사' 구조가 없는 단위

on my couch   내 소파 위에 (3단어) / (주어 + 동사 X)

절
2단어 이상으로 이루어져 있고, 그 안에 '주어 + 동사' 구조가 있는 단위

I sat quietly.   나는 조용히 앉았다.
(3단어) / (주어 + 동사 O)

I sat quietly since my dog was sleeping.
우리 개가 자고 있어서 나는 조용히 앉았다.
(2개의 절) / (주어 + 동사 묶음이 2개: ① I sat ~ ② my dog was sleeping)

다음 문장들에서 굵은 글씨는 '절', 밑줄은 '구'를 나타냅니다.

I caught the bus <u>on time.</u>
나는 제시간에 버스에 탔다.

My father drinks coffee <u>in the morning.</u>
우리 아버지는 아침에 커피를 마신다.

Annie exercises <u>after work.</u>
Annie는 일을 마치고 운동을 한다.

<u>In contrary to popular belief,</u> **sharks are not very dangerous.**
일반적인 생각과 반대로, 상어는 그렇게 위험하지 않다.

02 문장과 절의 차이

> **문장(sentence)**
> 대문자로 시작해 마침표, 물음표, 느낌표 등의 구두점으로 마무리되는 의미 단위

I like the way the machine works.
나는 그 기계가 작동하는 방식이 마음에 들어.

Do you need my help?
내 도움이 필요해?

What a wonderful lake!
진짜 멋진 호수다!

SENTENCE

> **절**(clause)
>
> '주어 + 동사' 단위로 문장의 일부분을 구성. 절이 문장의 일부분을
> 이룰 때는 반드시 접속사로 연결

When I saw you first, I didn't like your attitude.

처음에 널 봤을 때 난 네 태도가 별로였어.

→ 문장은 When I saw you first, I didn't like your attitude.
입니다. 이 문장을 이루는 절은 ① I saw you first.와 ② I didn't
like your attitude이며, 두 절은 when으로 이어져 있습니다.

| 03 전치사구와 접속사절

'전치사'와 '접속사'의 기본적인 역할은 다음과 같습니다.

전치사의 역할	명사를 연결한다.
접속사의 역할	문장(절)을 연결한다.

전치사구   '구'의 가장 앞에 '전치사'가 있는 구

On the chair   의자 위에

With my friend   내 친구와 함께

In this box   이 상자 안에

About his cat   그의 고양이에 대해

접속사절	'절'의 가장 앞에 '접속사'가 있는 절

When I was young　나 어렸을 때

If you said it　네가 그렇게 말했다면

Although I was born in Japan　내가 일본에서 태어나긴 했어도

Since she was tired　그녀가 피곤했기 때문에

CONJUNCTION ➕ CLAUSE

다음 문장에서 접속사절 1개와 전치사구 2개를 찾아보세요.

Since I was so hungry, I took some bread from the shelf in the kitchen.

나는 너무 배가 고파서, 주방에 있는 선반에서 빵을 좀 가져갔다.

Since I was so hungry, I took some bread from the shelf in the kitchen.

　　접속사절　　　　　　　　　　　　　　　　전치사구1　　　전치사구2

접속사절 1개: Since I was so hungry → I was so hungry 절 앞에 접속사 since

전치사구 2개: ① from the shelf → the shelf 앞에 전치사 from

　　　　　　　② in the kitchen → the kitchen 앞에 전치사 in

UNIT 2 품사 – 명사

영어에는 8품사가 있으며, 그중에서 '명사'는 말 그대로 이름을 붙일 수 있는 단어를 총칭하는 말입니다. 사람, 장소, 물건 같은 구체적인 것뿐만 아니라 사랑, 우정, 연민 같은 추상적인 개념까지도 이름을 붙일 수 있는 것을 명사라고 합니다.

다음 대화에서 what 또는 who가 뜻하는 것을 파악해 보세요. 그것이 바로 명사입니다.

A **What** do we inhale to breathe?
우리가 숨을 쉬기 위해 들이마시는 게 뭐지?

B It's air.
공기잖아. (air는 명사)

A **What** did Jay ask for yesterday?
어제 Jay가 부탁한 게 뭐였어?

B His last grade report.
지난 학기 자기 성적표. (report는 명사, his last grade report는 명사구)

A **Who** are you talking to?
너 누구랑 얘기하고 있어?

B My niece!
내 조카랑! (niece는 명사, my niece는 명사구)

01 명사의 자리

보통 '명사의 역할이 무엇이냐?'라고 물으면 문장에서 주어, 목적어, 보어라고 대답합니다. 틀린 말은 아닙니다. 하지만 명사로부터 파생되는 여러 가지 영문법을 더 잘 이해하기 위해서는 명사의 역할보다 문장에서 명사가 쓰일 수 있는 자리를 아는 것이 더 중요합니다.

문장에서 명사의 자리는 딱 3곳입니다. 동사 앞, 동사 뒤, 전치사 뒤에만 명사가 올 수 있습니다. 즉, 이 3곳 외에는 명사를 아무렇게나 둘 수 없습니다.

동사 앞(주어)

문장의 동사 앞에 위치하며, 명사뿐만 아니라 앞으로 배울 동명사, to부정사, 절 등도 올 수 있습니다.

My dog crawls all the time.
우리 개는 늘 기어다닌다. **(동사 앞에 일반 명사가 위치)**

Improving your capability will ensure you have a good future for your career.
역량을 키우는 것이 직업 면에서 멋진 미래를 보장해 줄 것이다. **(동사 앞에 동명사가 위치)**

To make a mistake is not a fault.
실수를 하는 것이 잘못은 아니다. **(동사 앞에 to부정사가 위치)**

Whether the contest will take place or not depends on the weather tomorrow.
대회가 개최될지 말지는 내일 날씨에 달려 있다. **(동사 앞에 접속사절이 위치)**

동사 뒤(동사의 목적어 혹은 보어)

문장의 동사 뒤에 위치하며, 명사뿐만 아니라 동명사, to부정사, 절 등도 올 수 있습니다.

I didn't have **lunch** yet.
나는 아직 점심을 안 먹었다. (동사 뒤에 (목적어로) 일반 명사가 위치)

I love **reading books** in free time.
나는 여가 시간에 책 읽는 걸 좋아한다. (동사 뒤에 (목적어로) 동명사가 위치)

I hope **to work with you** in the future.
당신과 곧 함께 일할 수 있길 바랍니다. (동사 뒤에 (목적어로) to부정사가 위치)

The result was **that the younger the person is, the more prone he or she is to the disease.**
결과는 나이가 어릴수록 그 질병에 더 쉽게 걸린다는 것이었다. (동사 뒤에 (보어로) that절이 위치)

때로는 동사의 의미를 완성시키기 위해 명사가 2개가 필요한 경우도 있습니다.

My boss didn't send **me the copy**.
내 상사는 나에게 복사본을 보내지 않았다.
(동사 뒤에 대명사(me), 일반 명사(the copy)가 위치)

My friend told **me his secret**.
내 친구는 나에게 자신의 비밀을 말해 주었다.
(동사 뒤에 대명사(me), 일반 명사(his secret)가 위치)

전치사 뒤(전치사의 목적어)

전치사 뒤에 위치하며, 명사(구)뿐만 아니라 동명사, 절 등도 올 수 있습니다.

I wasn't very interested in **his suggestions**.
나는 그의 제안에 관심이 별로 없었다. (전치사 in 뒤에 일반 명사가 위치)

We are looking forward to **meeting you soon**.
곧 뵙기를 고대합니다. (전치사 to 뒤에 동명사가 위치)

The title will be 'The discussion on **how to save water**.'
제목은 '물을 절약하는 방식에 대한 토론'일 것입니다. (전치사 on 뒤에 how + to부정사가 위치)

Some doubts about **whether the system is stable** have been cast.
시스템이 안정적인지에 대한 의심이 제기되어 왔다. (전치사 about 뒤에 접속사절이 위치)

다음 문장에서 명사 자리를 확인해 보세요.

In the near future, people will get more and more stressed due to extended working hours and poor working conditions.
머지않아, 사람들은 연장된 근무 시간과 열악한 근무 환경으로 인해 점점 더 스트레스를 받을 것이다.

In **the near future**, **people** will get more and more stressed

　　전치사 뒤 명사구　　　동사 앞 일반 명사

due to **extended working hours** and **poor working conditions**.

　　　　전치사 뒤 명사구　　　　　　　　전치사 뒤(due to) 명사구

02 명사구

명사구는 앞서 배운 '구'의 개념과 '명사의 자리'를 접목시키면 됩니다.

> **명사구**
> 동사 앞, 동사 뒤, 전치사 뒤에 위치하며, '주어 + 동사'의 관계가 없으면서
> 2단어 이상으로 이뤄진 단위

The red-headed boy is my little brother.
저 빨간 머리 소년은 내 남동생이다. (동사 is 앞에 위치)

We saw **a beautiful old lake** there.
우리는 거기서 아름답고 오래된 호수를 하나 보았다. (동사 saw 뒤에 위치)

I used to live in **that house** on **the corner**.
나는 모퉁이에 있는 저 집에 살았었다. (전치사 in과 on 뒤에 위치)

03 명사절

명사절 역시 앞서 배운 '절'의 개념과 '명사의 자리'를 연계하면 됩니다.

> **명사절**
> 동사 앞, 동사 뒤, 전치사 뒤에 위치하며, '주어 + 동사'의 관계가 있으면서
> 2단어 이상으로 이뤄진 단위

Who made a mistake is not important.
누가 실수를 했는지는 중요하지 않다. (동사 is 앞에 2단어 이상으로 된 절(주어 + 동사 O)이 위치)

What I want to know is **which color looks good on me**.
내가 알고 싶은 것은 어떤 색깔이 나에게 잘 어울리는가이다.

(명사절이 각각 동사 is 앞(주어), 뒤(보어)에 위치)

I didn't know **that my uncle won the lottery**.

나는 우리 삼촌이 복권에 당첨된 줄 몰랐다. (동사 know 뒤에(목적어) 위치)

The water will eventually go back to **where it originally came from**.

물은 자신이 원래 왔던 곳으로 결국 돌아가기 마련이다. (전치사 to 뒤에 위치)

P L U S

헷갈리기 쉬운 if절

if절은 좀 특이합니다. 위치에 따라 명사절로 봐야 할 때가 있고, 조건을 나타내는 부사절로 봐야 할 때가 있기 때문입니다. 영문법 책에서는 다음과 같은 설명이 나옵니다.

If절이 부사절이 아닌 명사절로 쓰일 땐 '~인지 아닌지'로 해석한다.

이 설명은 결국 이 뜻입니다. 'If로 시작하는 1개의 절 단위가 명사 자리 중 하나인 동사 뒤에 쓰일 때는 ~인지 (아닌지)로 해석한다.' 명사의 다른 자리인 동사 앞이나 전치사 뒤에는 if절이 쓰이지 않습니다.

1. I don't know **if I could help you tonight**.

   내가 오늘 밤에 너를 도와줄 수 있을지 모르겠다.

   → If절의 위치가 동사 know 뒤(명사 자리, 목적어) 즉, 명사절이므로, '~인지 (아닌지)'의 의미입니다.

2. **If I can help you tonight**, we will probably finish it on time.

   오늘 밤에 내가 너를 도와줄 수 있으면, 우리가 제시간에 그것을 끝낼 거야.

   → If절의 위치가 명사 자리(동사 앞, 동사 뒤, 전치사 뒤)가 아닌 게 확실하므로 '만약 ~라면'의 의미입니다.

UNIT 3 품사 – 형용사

01 형용사의 존재 이유는 명사

형용사는 명사를 꾸미는 품사입니다. 여기서 '꾸민다'는 것은 어떤 명사에 추가적인 설명을 하거나 정보를 주는 것이라고 이해하면 됩니다.

an **interesting** movie (영화인데, <u>재밌는</u> 영화)

My desk is **clean**. (내 책상인데, <u>깨끗한</u> 책상)

You need to keep your room **tidy**.
(네 방을 유지해야 하는데, <u>깔끔한</u> 방으로)

이때 형용사가 항상 한 단어인 것은 아닙니다. 어떤 명사를 꾸미는 표현이 한 단어일 수도 있고, 구가 될 수도 있고, 절이 될 수도 있습니다. 이 형태에 따라 형용사, 형용사구, 형용사절이라고 하죠.

I like to read a **funny** book.
나는 웃기는 책 읽는 걸 좋아해. (funny: 한 단어로 된 형용사)
→ book에 추가 정보를 주는 것은 funny 한 단어.

I need the book **on the table**.
나는 테이블 위에 있는 그 책이 필요해. (on the table: 형태는 전치사구, 역할은 형용사구)
→ the book에 추가 정보를 주는 것은 on the table(탁자 위에 있는)이라는 전치사구.

I need to buy the book **that he recommended**.
나는 그가 추천해 준 책을 사야 해. (that he recommended: 형용사 역할을 하는 형용사절)
→ the book에 추가 정보를 주는 것은 that he recommended라는 절.

02 형용사는 영어 문장이 길어지는 이유

영어에서 문장이 길어지게 하는 주범은 바로 형용사(형용사구, 형용사절)입
니다. 동사 앞, 동사 뒤, 전치사 뒤에 있는 명사를 형용사가 사방팔방에서
꾸미기 때문입니다. 다음 문장을 볼까요?

Yesterday, I read this amazing **book** that says about the effect
of climate change on agriculture, written by Dr. Vincent
who has been working on the global warming and other
environmental issues for over 20 years in Oxford University.

어제, 나는 Oxford 대학교에서 20년 넘게 지구 온난화와 다른 환경 문제를 연구하는 Vincent 박사가 쓴,
기후 변화가 농업에 미치는 영향을 전하는 **굉장한** 책을 읽었다.

자세히 보면 결국 하고 싶은 말은 '나는 어제 굉장한 책을 읽었다'이고,
이 문장에 있는 명사를 형용사, 형용사구, 형용사절이 꾸미면서 늘어진
것에 불과합니다. 해당 문장에서 꾸밈을 받는 두 가지 명사는 크게 book
과 Dr. Vincent입니다.

book ← that says about the effect of climate change on
agriculture,

책 ← 기후 변화가 농업에 미치는 영향을 전하는

book ← written by Dr. Vincent

책 ← Vincent 박사님이 쓴

Dr. Vincent ← who has been working on the global warming
and other environmental issues for over 20 years in Oxford
University.

Vincent 박사 ← Oxford 대학교에서 20년 넘게 지구 온난화와 다른 환경 문제를 연구하는

기본 단위의 문장이 앞의 문장처럼 길어지는 과정은 다음과 같습니다. 어떤 방식으로 형용사(형용사구, 형용사절)가 추가되는지 살펴보세요.

문장이 길어지는 과정

My father is a navy veteran. 우리 아버지는 해군 퇴역 군인이다.

↓

My father, who is living an amazing life, is a navy veteran.
우리 아버지는 <u>멋지게 살고 있는</u> 해군 퇴역 군인이다.

↓

My father, who is living an amazing life with not so much pension, is a navy veteran.
우리 아버지는 <u>그다지 많지 않은 연금으로 멋지게 살고 있는</u> 해군 퇴역 군인이다.

↓

My father, who is living an amazing life with not so much pension, is a navy veteran who was in five battles in Iraq and three battles in Sudan.
우리 아버지는 <u>그다지 많지 않은 연금으로 멋지게 살고 있는, 이라크에서 5번, 수단에서 3번 전투에 참가한</u> 해군 퇴역 군인이다.

↓

My father, who is living an amazing life with not so much pension, is a navy veteran who was in five battles in Iraq and three battles in Sudan and got retired after serving as a second lieutenant for ten years.
우리 아버지는 <u>그다지 많지 않은 연금으로 멋지게 살고 있는, 이라크에서 5번, 수단에서 3번 전투에 참가했고 10년 간 소위로 복무하다 은퇴한</u> 해군 퇴역 군인이다.

UNIT 4

품사 – 동사

동사는 문장의 축에 해당하며, 일명 '~다'라고 해석되는 품사입니다. 이 책에서 '동사와 관련된 문법'을 별도로 정리할 만큼 동사는 상당히 중요합니다. 여기서는 다른 품사에서는 찾아볼 수 없는 동사 고유의 특징을 위주로 알아봅니다.

주어 혹은 목적어/보어를 가질 수 있다

명사를 앞뒤로 2개나 데려올 수 있습니다. 이 점은 나중에 동사가 포함된 문법인 to부정사, 동명사, 분사구문 등을 이해하는 데 큰 도움이 됩니다.

This book **has** a few interesting points.
이 책은 몇 가지 흥미로운 점이 있어. (has 앞에 주어, 뒤에 목적어 위치)

My dad **was** a professor at a university.
우리 아버지는 대학 교수였다. (was 앞에 주어, 뒤에 보어 위치)

시제가 있다

영어에서 문장의 시제를 조절하는 것은 오직 동사뿐입니다. 달리 말하면, 문장의 시제를 파악하려면 그 문장의 동사를 보면 됩니다.

I**'m** in my early 30s.   나는 30대 초반이다. (am: 단순현재 시제)

I **was** in my early 30s a few years ago.
몇 년 전만 해도 나는 30대 초반이었다. (was: 단순과거 시제)

I'll be in my early 30s soon.

나는 곧 30대 초반이 될 것이다. (will be: 미래 시제)

문장 전체의 의미를 완성시킨다

문법적인 문장에서 동사가 없으면 문장이 완성되지 않고 의미 자체가 성립되지 않습니다.

I've always wanted to be good at math.

나는 항상 수학을 잘하고 싶었다. (O)

I to be good at math. 나는 수학을 잘하는… (X)

→ 동사가 없으므로 문장 전체의 의미가 제대로 전달되지 않습니다.

We **had** amazing dinner at the restaurant you recommended.

우리는 네가 추천해 준 식당에서 정말 멋진 저녁 식사를 했다. (O)

We amazing dinner at the restaurant you recommended.

우리는 네가 추천해 준 식당에서 정말 멋진 저녁 식사를… (X)

→ 동사가 없으므로 문장 전체의 의미가 제대로 전달되지 않습니다.

P L U S

한 문장에서 시제를 나타내는 본동사는 1개!

대문자로 시작해 구두점(마침표, 느낌표, 물음표)으로 끝나는 영어 문장의 가장 큰 특징 하나는 문장이 아무리 길어도 시제를 나타내는 본동사는 하나라는 것입니다. 그러면 바로 공격이 들어옵니다. "형용사절로 이어진 문장을 보면 동사가 또 있던데요?" 네, 영어는 그렇게 접속사를 쓰면 동사가 여러 개 올 수 있도록 장치를 해 놓았습니다. 그래서 접속사 없이 동사가 여러 개 있는 영어 문장은 틀린 것입니다.

I **met** Jane a month ago.

나 한 달 전에 Jane을 만났어. (과거 시제 동사 met 1개)

He **was crying** in this room when I **entered** the room.

내가 방에 들어갔을 때 걔가 울고 있었어. (동사는 was crying과 entered 2개)

→ 문장 하나에 동사가 2개이지만, 접속사 when으로 연결되었기 때문에 맞는 문장.

품사 – 부사

부사는 부수적인(부) 단어(사)입니다. 문법에서 부수적이냐 필수적이냐의 판단 기준은 문장의 문법성입니다. 즉, 한 문장에서 부사가 있고 없고는 그 문장이 '문법적으로 완전하다 못하다'와는 상관이 없으므로, 부사를 없애도 남은 문장은 여전히 문법적으로 옳습니다. 하지만 부사는 천성 자체가 동사나 형용사를 꾸며 주려고 태어난 친구여서 그 부사를 없애거나 다른 부사로 바꾸면 문법성은 유지할 수 있지만 그 문장의 의미와 전달하려는 의도에는 상당한 변화가 있습니다.

Fortunately, he got on that plane.

다행히도, 그는 저 비행기에 탔다.

위 문장에서 부사 Fortunately를 빼도 남은 문장은 문법적으로 완전합니다. 하지만 이 부사를 빼거나 Unfortunately로 바꾼다면 화자가 전하려는 의미와 의도는 달라집니다.

He got on that plane.

→ 그가 비행기에 탔다는 단순한 과거 사실만 전달.

Unfortunately, he got on that plane.

→ 그가 비행기에 탄 게 좋지 않은 일이라는 완전히 다른 의도를 전달.

다음 문장에서 부사 fast를 빼도 남은 문장은 문법적으로 완전합니다. 하지만 이 부사를 빼거나 slowly로 바꾼다면 화자가 전하려는 의미와 의도는 달라집니다.

My dad always talks **fast**.　우리 아버지는 항상 말이 너무 빠르다.

↓

My dad always talks.　→ 아버지는 항상 말을 안 하는 적이 없다는 정보 전달.

My dad always talks **slowly**.　→ 아버지는 항상 말을 느리게 한다는 정보 전달.

01 부사구

부사구는 2단어 이상으로 된 '주어 + 동사'가 없는 표현 단위로, 없애더라도 남아 있는 문장이 문법적으로는 완전하지만 의미적으로는 바뀌게 되는 구를 나타냅니다.

Once upon a time, a beautiful princess lived here.
옛날 옛적에 한 아름다운 공주가 여기 살았습니다.

They made their own history **in an unprecedented way**.
그들은 전례 없는 방식으로 그들만의 역사를 만들었다.

→ 각 문장에서 굵은 글씨 부분은 없어도 남은 문장이 문법적으로 완전하므로 '부사구'입니다.

P L U S

맥락에 따라 의미의 중요성이 달라지는 부사구

1. My cat is taking a nap **on the table**.
   내 고양이가 테이블 위에서 낮잠을 자고 있다.

2. I always **put** my car key **on the table**.
   나는 항상 내 차 열쇠를 테이블 위에 둔다.

문장 1과 문장 2에서 쓰인 부사구는 on the table로 동일합니다. 하지만 의미적 중요성을 따져 보면 문장 1보다는 문장 2가 훨씬 더 중요하죠. 그 이유는 문장 2에서 쓰인 동사 put은 '~(무엇)을 …(어디)에 두다, 놓다'의 뜻으로, 장소와 관련된 부사구가 거의 항상 같이 쓰여야 하기 때문입니다. 따라서 같은 형태의 부사구일지라도 의미적인 중요성이 다르기도 합니다.

02 부사절

부사절은 2단어 이상으로 된 '주어 + 동사'가 있는 표현 단위이자, 없애도 남은 문장이 문법적으로는 완전하지만 의미적으로는 바뀌게 되는 절을 말합니다.

When I was little, I used to go fishing with my dad.

나는 어렸을 때 아빠와 낚시를 가곤 했다.

Although I was rich, I didn't feel satisfied.

나는 부자이긴 했지만 만족하지 않았다.

→ 각 문장에서 굵은 글씨 부분은 없애도 완전한 문장이 남기 때문에 부사절입니다. 하지만 남은 문장만으로는 원래 전달하려고 했던 전체 문장의 의도, 즉 '내가 어렸을 때 일어난 일', '내가 부자였지만 만족하지 않았다'는 전달하지 못합니다.

03 명사절과 부사절의 구분

명사절

2단어 이상으로 된, '주어 + 동사'가 있는 절이 명사 자리(동사 앞/ 동사 뒤/ 전치사 뒤)에 있을 때

부사절

2단어 이상으로 된, '주어 + 동사'가 있는 절이 없애더라도 남은 문장이 문법적으로는 완전하나 의미적으로는 바뀌게 될 때

He can't remember **when he met his wife for the first time.**

그는 언제 아내를 처음 만났는지 기억하지 못한다. (명사절: when절이 동사 remember 뒤에 위치)

When he met his wife for the first time, he was only 17.

그가 아내를 처음 만났을 때, 그는 고작 17세였다. (부사절: when절을 없애도 남은 문장이 완전함)

UNIT 6

품사 - 접속사와 전치사

여기서 설명할 '접속사'는 다른 영문법 책에서 흔히 '종속 접속사'라고 불리는 접속사입니다. 즉, 절과 절을 이어주는 접속사인 것이죠.

I couldn't say a word **when** I heard the news.
그 소식을 들었을 때 나는 한 마디도 할 수 없었다.

'접속사의 역할이 무엇이냐'라고 물으면 10명 중 9명은 절과 절을 연결한다고 답합니다. 하지만 전치사의 역할이 무엇이냐고 물으면 선뜻 대답하는 사람이 없습니다. 접속사와 전치사가 무엇인지 깔끔하게 정리합니다.

> **접속사**
> 절을 연결한다. 그래서 접속사 뒤에는 '주어 + 동사' 단위의 절이 온다.
>
> **전치사**
> 명사를 연결하는 연결 장치이다. 그래서 전치사 뒤에는 명사가 온다.

01 접속사절

접속사 + 주어 + 동사

접속사절은 말 그대로 '접속사 + 절'로, '주어 + 동사'로 이뤄진 절의 가장 앞에 접속사가 있는 절을 뜻합니다.

Since it was very hot yesterday, I stayed at home all day.
어제는 너무 더웠기 때문에 나는 하루 종일 집에 있었다. (이유 접속사 since + 주어 + 동사)

If I see him again, I'll take a picture with him.

내가 그 사람을 다시 만나면, 같이 사진을 찍을 거예요. (조건 접속사 if + 주어 + 동사)

The experts suggest **that self-doubt is not a bad thing.**

전문가들은 자기 의심이 나쁜 것이 아니라고 주장한다. (접속사 that + 주어 + 동사: that절)

다음 문장에서 접속사절을 찾아보세요.

When I was little, I hated going out.
I couldn't hear the phone ringing because I was lost in thought.

When I was little, I hated going out.

어렸을 때, 나는 밖에 나가는 걸 싫어했다.

→ 문장에서 접속사절은 When I was little입니다. 절(I was little) 맨 앞에 시간 접속사 when이 있습니다.

I couldn't hear the phone ringing **because I was lost in thought.**

내가 정신이 팔려 있어서 전화가 울리는 걸 못 들었어.

(be lost in thought: 어떤 생각으로 인해 정신이 팔리다)

→ 문장에서 접속사절은 because I was lost in thought입니다. 절(I was lost in thought) 맨 앞에 이유 접속사 because가 있습니다.

접속사절을 부르는 2가지 방식

영문법 책을 보다 보면 접속사절을 if절, as절이라고 부르는 경우와 형용사절, 부사절, 명사절이라고 부르는 경우를 볼 수 있는데, 접속사절을 부르는 방식이 크게 2가지이기 때문입니다. 그래서 생김새는 같아도 문장에서의 역할은 다를 수 있습니다.

접속사절을 부르는 방식

첫 번째 방식: **접속사 생김새**에 따라 부른다.

예) When절, If절, Because절

두 번째 방식: **문장 내의 역할**을 보고 부른다.

예) 형용사절, 부사절, 명사절

If I were you, I wouldn't even try it.

내가 너라면, 난 시도조차 안 할 거야. (if절이자 부사절: 생략해도 남은 절이 완전함)

They confirmed **that** I won the competition.

그들은 내가 대회에서 우승했다는 걸 공식화했다.

(that절이자 명사절: 동사 뒤 명사 자리에 위치)

I need contacts **that** could help me find a job.

난 일자리 구하는 데 도움이 될 연락처가 필요하다.

(that절이자 형용사절: 명사 contacts에 추가적인 정보 제공)

02 전치사구

구는 2단어 이상으로 된 '주어 + 동사'가 없는 단위이므로, 전치사구는 이런 구의 맨 앞에 전치사가 있는 것을 말합니다.

I put my laptop **on the table**.

나는 테이블 위에 내 노트북을 놔뒀다. (구의 맨 앞에 전치사 on이 위치)

This product can last **in the fridge for two weeks**.

이 제품은 냉장실에서 2주 동안 보관할 수 있다. (각 구 맨 앞에 전치사 in, for가 위치)

다음 문장에서 전치사구가 총 몇 개인지 확인해 보세요.

In 1924, the famous boy was born in a small village in Britain.

In 1924, the famous boy was born in a small village in Britain.
1924년, 그 유명한 소년은 영국의 작은 마을에서 태어났다.

→ 전치사구는 총 3개로, ① In 1924(전치사 in + 1924), ② in a small village(in + a small village),
③ in Britain(in + Britain)입니다.

P L U S

시간의 전치사 VS. 장소의 전치사

한국식 문법에서 자주 등장하는 용어가 '시간의 전치사', '장소의 전치사'인데, 이 명칭은 **전치사 뒤에 오는
명사의 성질에 따라** 이름을 붙인 것입니다. 즉, 전치사는 뒤에 오는 명사에 따라 그 의미와 성질이 바뀝니다.

at 9 o'clock 9시에
→ 9 o'clock은 시간의 개념, 이때 at은 시간의 전치사.

at school 학교에서
→ school은 장소의 개념, 이때 at은 장소의 전치사.

on the table 탁자 위에
→ the table은 장소의 개념, 이때 on은 장소의 전치사.

on Sunday 일요일에
→ Sunday는 시간의 개념, 이때 on은 시간의 전치사.

전치사구의 문법적 역할

전치사구의 문법적인 역할은 무엇일까요?

1 앞의 명사를 꾸며 주는 형용사구

> Could you give me a cup?
> 컵 하나만 줄래?

> Could you give me a cup with the mark?
> 그 표시가 있는 컵 하나만 줄래?

> Could you give me a cup with the mark of an American flag?
> 미국 국기 표시가 있는 컵 하나만 줄래?

> Could you give me a cup with the mark of an American flag on the shelf?
> 선반 위에 있는 미국 국기 표시가 있는 컵 하나만 줄래?

> Could you give me a cup with the mark of an American flag on the shelf in the kitchen?
> 주방 선반 위에 있는 미국 국기 표시가 있는 컵 하나만 줄래?

문장에서 전치사구의 역할은 거의 대부분 형용사구(명사를 꾸며 주는 역할 의 구)입니다. 위의 예시처럼 a cup이라는 명사를 뒤에 딸린 여러 개의 전 치사구가 잔뜩 꾸며 주고 있습니다. 맨 아래 문장에 있는 전치사구를 모 두 꺼내 정리하면 다음과 같습니다.

> with the mark   of an American flag   on the shelf
> in the kitchen

이들은 각자 앞에 있는 명사를 꾸미는 전치사구(형용사구)이며, 이를 좀 더 풀어서 설명하면 다음과 같습니다.

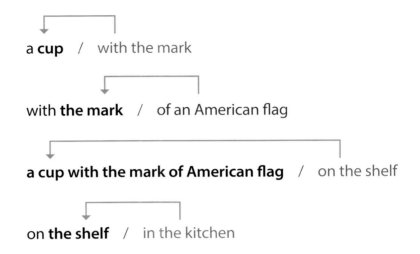

a **cup**   /   with the mark

with **the mark**   /   of an American flag

a cup with the mark of American flag   /   on the shelf

on **the shelf**   /   in the kitchen

이렇게 하나의 명사에 붙는 형용사 꼬리가 길어지면서 자연스레 문장의 길이도 길어집니다. 이렇게 전치사구 때문에 길어진 문장의 해석은 맨 뒤 전치사구에서 앞으로 넘어오면서 해 주면 깔끔합니다. 따라서 위의 표현 을 해석하면 다음과 같습니다.

주방 선반 위에 있는 미국 국기 표시가 있는 → 컵

② 명사에 추가적인 정보를 제공하는 형용사구

I found my bag. It was **under my bed**.

나 내 가방 찾았어. 침대 밑에 있었어.

→ 전치사구 under my bed는 명사(it = my bag)에 추가적인 정보(내 가방인데, 침대 밑에 있었던)를 제공합니다. 따라서 해당 전치사구는 형용사구입니다.

③ 생략되어도 문법성에 영향을 끼치지 않는 부사구

You can vote **regardless of gender, ethnicity, or religion** in this country.

이 나라에서는 성별, 민족성, 종교와 상관없이 투표를 할 수 있다.

The whole town has been shut down **due to the government's policy**.

정부 정책으로 인해 온 마을이 폐쇄되었다.

→ 각 문장의 밑줄 친 전치사구는 특정 명사에 추가적인 정보를 제공하지 않습니다. 이 전치사구를 없애도 남은 문장이 문법적으로 완전하기에 부사구입니다.

전치사에 한 가지 뜻만 있다는 생각을 버린다!

영어에서 거의 대부분의 단어는 1개 이상의 뜻이 있으며, 전치사 역시 마찬가지입니다. 하지만 보통 영문법 책에서는 'on = ~ 위에/in = ~ 안에/about = ~에 대해 /for = ~을 위해'라고 설명하기 때문에 이렇게만 알아두면 당연히 독해력이 떨어질 수밖에 없습니다. 개별 전치사의 뜻을 다 알 필요는 없지만, 문장의 맥락에 따라 자연스럽게 해석하기 위해 필수적인 뜻 몇 가지는 반드시 알아야 합니다.

예를 들어 전치사 with의 몇 가지 뜻은 다음과 같습니다.

~와 함께 (together with)	I was hanging out with my friends. 나는 친구들이랑(친구들과 함께) 나가 놀고 있었어.
~를 사용하여/~으로 (using)	I'm writing this letter with the pen you gave me. 나는 네가 준 펜으로 이 편지를 쓰고 있어.
~을 가진/~이 있는 (having)	I'm looking for a pencil with an eraser. 나는 지우개가 달린 연필을 찾고 있어.
~이기 때문에/~에 따라 (because of)	Wine gets better with age. 와인은 숙성이 되면서(숙성이 되기 때문에) 더 좋아진다.

이제부터 with를 볼 때 '~와 함께'라고만 해석하는 습관은 버리세요.

효과적인 전치사 공부법

동사, 형용사, 명사를 공부할 때, 일반적으로 같이 쓰이는 전치사도 함께 외우는 것이 가장 좋습니다.

discussion(논의)은 **on/of/about**과 함께	discussion on / of / about

We're going to have a discussion on our next project.
우리는 다음 프로젝트에 대해 논의할 것이다.

lack(부족, 결핍)은 **of**와 함께	lack of

Our experiment is likely to get stopped for a while due to a lack of funding.
우리 실험은 자금 부족으로 인해 당분간 중단될 수도 있다.

similar(비슷한)는 **to/from**과 함께	similar to / from

My laptop is similar to yours.
내 노트북이 네 거랑 비슷하네.

bored(지루한)는 **with/of**와 함께	bored with / of

I was so bored with this film.
나는 이 영화가 엄청 지루했어.

vary(다양하다, 다르다)는 **in**과 함께	vary in

The final products may vary in size.
최종 제품은 크기가 다를 수 있다.

long(간절히 바라다)은 전치사 **for**와 함께	long for

I am longing for a long vacation in France.
나는 프랑스에서의 긴 휴가를 간절히 바라고 있다.

쓰이는 전치사에 따라 의미가 바뀌기도 합니다.

look at (~을 보다)	Look at the sky! It's getting dark. 하늘 좀 봐! 어두워지고 있어.
look for (~을 찾다)	I'm looking for a word that means information without evidence. 나는 '근거 없는 정보'를 뜻하는 단어를 찾고 있어.
look forward to (~을 고대하다)	I'll look forward to meeting you soon. 곧 만나길 고대할게요.

known to (~에게 알려진)	BTS is now known to the entire world. BTS는 이제 전 세계에 알려져 있다.
known for (~라는 이유로 알려진)	BTS is known for spreading Korean culture. BTS는 한국 문화를 전파한 것으로 알려져 있다.
known as (~로서 알려진)	BTS is known as the first American Music Award winner in Asia. BTS는 아시아에서 최초로 아메리칸 뮤직 어워드 수상자로 알려져 있다.

여기까지 모두 이해했다면, 접속사와 전치사에 대한 이해는 거의 끝났다고 해도 과언이 아닙니다. 한국식 영문법 책에 나와 있는 상관접속사, 등위접속사와 같은 용어들은 이름만 번지르르할 뿐 거의 단순 암기에 불과합니다.

예를 들어, either A or B/neither A nor B/not only A but also B/B as well as A 등은 단어처럼 외우면 되고, A와 B에 연결되는 단어들은 서로 문법성이 같아야 한다는 것만 추가적으로 알면 되기 때문입니다.

PART
2

동사와 관련된 문법

CHAPTER 1 의도를 드러내는 시제

영어에는 3가지 뼈대 시제인 현재, 과거, 미래를 활용한 총 12가지 시제가 있습니다.

현재	단순현재 시제 **Emma watches** cartoons every day. Emma는 매일 만화를 본다.
	현재진행형 시제 **We are having** lunch now. 우리는 지금 점심 먹는 중이야.
	현재완료 시제 **I have decided** what to do. 나는 무엇을 할지 결정을 내렸어.
	현재완료진행형 시제 He **has been living** here for 20 years. 그는 여기서 20년째 살고 있어.
과거	단순과거 시제 **I went** camping last weekend. 나는 지난 주말에 캠핑을 갔다.
	과거진행형 시제 **I was running** outside. 나는 밖에서 뛰고 있었다.
	과거완료 시제 It **had** already **been destroyed** when it was found. 발견되었을 때 그것은 이미 파괴되어 있었다.
	과거완료진행형 시제 Mike **had been working** for 5 years when he got the promotion. Mike는 승진했을 때 5년 동안 근무하는 중이었다.
미래	단순미래 시제 **I'll do** it later. 나중에 제가 할게요.
	미래진행형 시제 She **will be taking** a shower at 5. 5시에는 그녀가 샤워를 하고 있을 거야.
	미래완료 시제 **I will have arrived** by then. 내가 그때쯤에는 도착해 있을 거야.
	미래완료진행형 시제 When I turn 40, **I will have been teaching** English for 15 years. 마흔이 되면, 나는 15년간 영어를 가르치고 있을 거야.

하지만 독해나 회화에서 주로 많이 활용되는 시제는 다음 6개입니다.

단순현재 시제	현재진행형 시제	현재완료 시제
단순과거 시제	과거진행형 시제	단순미래 시제

영어를 오랫동안 공부한 사람들도 시제 개념이 정확하지 않아서 "She drinks coffee every morning.(그녀는 매일 아침 커피를 마셔.)"라는 문장을 제시하고 '왜 여기서 단순현재 시제를 쓸까?'라고 물어보면 대답을 못합니다. 그렇다면 '시제'를 좀 민감하게 생각해야 하는 이유는 무엇일까요? 한국어에 있는 시제를 떠올려 보면 쉽게 이해가 됩니다. 다음의 극단적인(?) 예시를 보세요.

1. 난 대학생이야.   2. 난 대학생이었어.   3. 난 곧 대학생이 될 거야.

문장 1~3의 시제는 각각 단순현재, 단순과거, 단순미래입니다. 같은 정보이지만(난/대학생), 시제가 달라서 전달하려는 문장의 의도가 달라집니다. 결론적으로, 시제에는 의도가 담겨 있습니다. 즉, 잘못된 시제를 쓰면 전하려는 의도가 달라진다는 말이죠. 잘못된 시제를 사용해서 의도가 제대로 전달되지 않은 예를 살펴봅시다.

A: Do you know where Mike works at?   너 Mike 어디서 일하는지 알아?

B: Yeah, he **worked** at school.   응. 걔 학교에서 일했어.

A: I mean… what about now?   그럼, 지금은?

B: At SCHOOL!   학교라고!

A: Ah, you should have said "he **WORKS** at school," not worked.   아. 그럼 학교에서 일한다고 했어야지, 일했다가 아니라.

시제를 사용하는 근본적인 이유를 알고 시제를 정확하게 이해해 보세요.

현재 시제

UNIT

1

01 단순현재 시제

다음은 단순현재 시제가 쓰인 문장들입니다.

This book **helps** understand English more easily.
이 책은 영어를 더 쉽게 이해하는 데 도움을 준다.

It **doesn't snow** here in winter.
여기는 겨울에 눈이 내리지 않는다.

Whales **breathe** every 15 minutes.
고래는 15분마다 숨을 쉰다.

My two elder sisters **don't want** to live together.
우리 누나 둘은 같이 사는 걸 원하지 않는다.

Do you **know** how to fix this?
이거 어떻게 고치는지 아세요?

How long **does** it **take** to get to the moon?
달까지 가는 데 얼마나 걸리나요?

Jane **is** a senior manager in this company.
Jane은 이 회사에서 고위 관리직이다.

I'**m not** good at memorizing.   나는 암기를 잘 못한다.

They **are** always busy.   그들은 항상 바쁘다.

Is the English language from German?
영어는 게르만어에서 왔는가?

단순현재 시제는 보통 '~이다/~하다'로 해석되며, 사람이나 사물, 상태에 대한 사실과 정보를 전달합니다. 따라서 단순현재 시제를 사용할 때는 말하고자 하는 내용이 사실인지, 옳은 정보인지를 생각해야 합니다.

이때 '현재'라는 용어 때문에 '현재진행형(Am, Are, Is + V-ing)'과 '단순현재'를 혼동하는데, '현재'라는 말을 들으면 무의식적으로 '지금 이 순간'이라는 말이 떠오르기 때문이죠. 그러나 '지금 이 순간 일어나는 일'은 단순현재 시제가 아닌 현재진행형 시제로 표현해야 하며, 단순현재 시제는 '사람이나 사물, 상태에 대한 기본적인 사실'을 전달할 때 써야 합니다.

사실/정보 전달

변하지 않는 사실이든, 시간·장소와 같은 다른 요인들로 인해 변할 수 있는 사실이든, 해당 문장을 쓰고 말할 때 그것이 사실이면 단순현재 시제를 사용합니다. 사람이나 사물에 대한 특징·특성·정보를 말하거나 물을 때도 단순현재 시제를 사용합니다. 그것이 그 사람이나 어떤 것에 대한 사실이기 때문입니다.

Water **boils** at 100 degrees Celsius.
물은 100℃에서 끓는다. (변하지 않는 과학적 사실)

I **like** to read books.
나는 책 읽는 걸 좋아한다. (현재의 나에 대한 정보 전달)

Susan **doesn't drink** coffee.
Susan은 커피를 마시지 않는다. (Susan이라는 인물의 정보 전달)

That restaurant **is** always booked out.
이 식당은 항상 예약이 꽉 차 있다. (해당 식당에 대한 정보 전달)

What **do** you do?   무슨 일 하세요? (현재 하는 일을 묻는 질문)

Malaysians **learn** more than two languages at school, including Chinese and English.

말레이시아 사람들은 중국어와 영어를 포함해 2개 이상의 언어를 학교에서 배운다.

(말레이시아 사람들이 배우는 언어에 대한 사실 정보 전달)

반복적으로 일어나는 일

주기적으로 혹은 반복적으로 하는 행동이나 일어나는 일을 말할 때는 단순현재 시제를 씁니다. 그 주기가 매일이든, 하루든, 일 년이든, 한 세기든 어떤 주기가 있다면 단순현재입니다.

이렇게 주기적이고 반복적인 일을 단순현재 시제로 나타내는 이유는 무엇일까요? 그 일이 과거에도, 현재에도, 그리고 높은 가능성으로 미래에도 일어날 것이라는 뜻입니다. 이런 반복적인 일을 일일이 과거 시제, 현재 시제, 미래 시제로 표현한다면 효율성이 떨어지겠죠. 다행히 한국어와 영어는 이런 점에서 동일한 특징이 있습니다.

We **had** a family meeting last weekend.
우리는 지난 주말에 가족 모임을 했다.

We **have** a family meeting this weekend.
우리는 이번 주말에 가족 모임을 한다.

We **will have** a family meeting next weekend.
우리는 다음 주말에 가족 모임을 할 것이다.

↓

결론: We **have** a family meeting every weekend.
우리는 매주 주말에 가족 모임을 한다.

위의 문장처럼, 주말마다 진행되는 가족 모임은 반복적인 일이며, 일일이 과거, 현재, 미래 시제로 나타내지 않고 단순현재 시제로 나타내는 것이 훨씬 더 효율적입니다. 참고로, 이때는 대체로 주기를 나타내는 표현을 같이 씁니다. 주기를 나타내는 표현 중 대표적인 것이 빈도부사인데, 그 이유는 '빈도'라는 단어가 주기를 가지고 발생하는 일의 횟수를 나타내기 때문입니다.

The Sun **rises** every morning.
태양은 매일 아침에 뜬다.

My family **goes** to church every Sunday.
우리 가족은 매주 일요일에 교회에 간다.

The storm **comes** every decade.
그 태풍은 10년마다 온다.

They always **go** to H-mart for groceries.
그들은 항상 장 보러 H-mart에 간다.

I never **watch** horror movies.
나는 절대 공포 영화는 보지 않는다.

How often **do** you **drive**?
운전은 얼마나 자주 하세요?

흔들리지 않는 현재 시제

여러 시제가 섞여 있는 복합적인 문장에서도, **전달하는 내용이 사실이면 다른 문장의 시제는 전혀 신경 쓸 필요가 없습니다.**

When I **got** back home, my family **had already heard** the news that I **am** now the student of Harvard.

집에 도착했을 때, 우리 가족은 내가 이제 하버드대생이란 사실을 이미 들었다.

이 문장의 동사 시제는 3개입니다.

1. 단순과거: When I **got** back home

→ 내가 집에 도착한 것은 과거에 일어난 일이라서 단순과거 시제입니다.

2. 과거완료: my family **had already heard** the news

→ 내 가족이 소식을 들었던 것은 내가 도착하기 전에 일어난 일이기 때문에 과거완료 시제입니다.

3. 단순현재: that I **am** now the student of Harvard.

→ 내가 지금 하버드대생이란 것이 이 문장을 쓰고 말할 때의 사실이기 때문에 단순현재 시제입니다. 만약 이 문장을 I was the student of Harvard로 바꾼다면 내가 지금 학생인지 아닌지는 알 수 없고, '저 일이 일어났을 때는 학생이었다' 정도만 전할 수 있습니다.

It **has been long debated** whether the civilization **came from** the north, as many historians **suggest**, or from the south, which **is apparent** from the unearthed relic records.

많은 역사학자들이 주장하듯 그 문명이 북쪽에서부터 왔는지 혹은 발굴된 유적 기록을 보면 알 수 있듯 남쪽에서부터 왔는지는 오랫동안 논쟁거리가 되어 왔다.

이 문장의 동사 시제는 3개입니다.

1. 현재완료: It **has been long debated**

→ 해당 내용이 논란거리라는 것은 이전부터 지금까지 그랬기 때문에 현재완료 시제입니다.

2. 단순과거: the civilization **came from** the north ~ or from the south

→ 문명이 북쪽 혹은 남쪽에서 온 것은 과거에 일어난 일이기 때문에 단순과거 시제입니다.

3. 단순현재: as many historians **suggest** / which **is apparent** from the unearthed relic records.

→ 북쪽 혹은 남쪽으로부터 왔다는 주장을 뒷받침하는 정보를 전달하는 문장이어서 단순현재 시제입니다.

과거의 일화를 말할 때

과거의 일화를 상대방에게 말할 때 단순현재 시제 및 현재진행형 시제를 활용해 전달할 수 있습니다. 이렇게 하면 그 일화를 좀 더 생동감 있게 전달하는 효과가 있습니다.

다음 글은 친구에게 어제 있었던 일화를 말하는 상황입니다.

I was waiting for my bus yesterday and suddenly this random boy comes up and says he can't find his mother. I calm him down first and ask if he has his cell phone. He says he doesn't have one so I use mine to make a call to his mother. The first one is not answered, probably because it's a strange number. She answers the second one and they finally meet up.

내가 어제 버스를 기다리고 있었는데 모르는 남자애가 오더니 엄마를 못 찾겠다고 하는 거야. 우선 애부터 진정시키고 휴대폰이 있는지 물어봤지. 휴대폰이 없다고 해서 내 폰으로 걔네 엄마한테 전화를 했어. 처음에는 아마 모르는 번호여서 안 받았나 봐. 두 번째는 엄마가 받아서 둘이 결국 만났잖아.

위의 글에서 과거 일인데도 대부분의 동사가 현재 시제입니다. 현재 시제로 쓰인 동사들을 굵은 글씨로 표시하면 다음과 같습니다.

I was waiting for my bus yesterday and suddenly this random boy **comes up** and **says** he **can't find** his mother. I **calm** him **down** first and **ask** if he **has** his cell phone. He **says** he **doesn't have** one so I **use** mine to make a call to his mother. The first one **is** not answered, probably because it**'s** a strange number. She **answers** the second one and they finally **meet up**.

처음 이야기 꺼낼 때(was waiting for my bus yesterday)를 제외하고는 모든 동사가 단순현재 시제로 쓰였습니다. 이렇게 하면 상대방은 그 일이 마치 지금 일어나는 것처럼 생동감 있게 느낄 수 있습니다.

▌02 현재진행형 시제

다음은 현재진행형 시제가 쓰인 문장들입니다.

They **are packing** their stuff. 그들은 짐을 싸는 중이다.

He **is being** serious now. 그는 지금 매우 진지하다.

I'**m talking** on the phone. 나 지금 통화 중이야.

She **is not watching** TV. You can turn it off.
그녀는 TV 보고 있지 않아. 그것 꺼도 돼.

Are you **paying** attention? 집중하고 있습니까?

현재진행형 시제의 기본 형태는 다음과 같습니다.

긍정문	부정문	의문문
am/are/is + V-ing	am/are/is + not + V-ing	Am/Are/Is + 주어 + V-ing …?

현재진행형의 가장 기본적인 의미는 '~하는 중이다'로, 말하는 그 순간에 일어나는 일을 전할 때 주로 씁니다. 이것이 가장 핵심입니다. '진행형'이라고 하면 보통 'V-ing(동사ing)'만 떠올리는데, 이 생각은 잘못된 것입니다. 해당 시제를 '현재'진행형으로 만들어 주는 것은 'V-ing'가 아닌 현재시제의 'be동사'이기 때문입니다. 그럼 본격적으로 현재진행형이 쓰이는 상황을 소개합니다.

문장을 말하거나 쓰는 바로 그때 하고 있거나 일어나고 있는 일

말하고 있는 지금 일어나고 있거나 하고 있는 일을 말할 때 현재진행형을 쓰며, '~하는 중이다'라고 이해합니다.

> A: What **are** you **doing**?　너 뭐 하고 있어?
> B: I'm **watching** Netflix.　나 넷플릭스 보는 중이야!
>
> Sorry, I can't answer the phone. I'm **cooking** now.
> 미안, 나 전화 못 받아. 지금 요리하고 있어.
>
> A: **Is** it **raining** outside?　밖에 비 와?
> B: No, it stopped about an hour ago.　아니, 1시간 전에 그쳤어.
>
> My house **is being** built at the moment.
> 내 집은 지금 지어지고 있어.

말하는 순간에 하지 않더라도, 현재 일정 기간 동안 진행 중인 일

현재진행형은 말하는 지금 이 순간은 아니지만 현재 일정 기간 동안 진행 중인 일을 나타낼 때 쓰이기도 합니다. 이는 한국말도 마찬가지입니다. 예를 들어, 친구와 밥을 먹다가 '나 이번 방학 때 피아노를 좀 배우고 있어'라고 말하는 것처럼 말이죠. 지금 당장은 친구와 밥을 먹는 중이지만, 현재 일정 기간(방학) 동안 진행 중인 일(피아노를 배우는 중)을 말할 때 진행형을 쓰곤 합니다.

A: What **are** you **studying** this semester?

이번 학기에는 뭐 공부하고 있어?

B: I'**m studying** biology and business administration.

생물학과 경영학을 공부하고 있어.

→ 지금 이 순간에 공부가 아닌 친구와 이야기를 하고 있어도, 이번 학기 기간에 진행 중인 일을 말하므로 현재진행형 시제.

미리 계획해서 확정된 미래의 계획

현재진행형으로 미래를 나타낼 때는 미래에 일어날 일이 반드시 미리 계획된 일이고, 바뀔 가능성이 거의 없을 때입니다. 참고로 미국인들이 미래의 일을 나타낼 때 가장 많이 쓰는 시제가 바로 이 현재진행형 시제입니다. 이때는 보통 일이 일어날 미래 시점을 나타내는 표현과 함께 쓰입니다.

I'**m hanging out** with my friends this weekend.

나 이번 주말에 친구들이랑 놀기로 했어. (미리 약속되어 있고, 바뀔 가능성이 거의 없음)

What **are** you **doing** tonight / this weekend / tomorrow night?

오늘 밤에 / 이번 주말에 / 내일 밤에 너 뭐 해? (미리 세운 계획이 있는지 묻는 표현)

I'**m flying** to Paris on December 15th.

나 12월 15일에 파리로 떠나. (표를 끊고 그날 가는 상황)

I'**m not going** to London to see my parents next week. They **are coming** over to me.

나 다음 주에 부모님 뵈러 런던에 안 가. 부모님이 오시기로 했어.

(부모님이 오시기로 미리 상의된 상황)

다음 두 사람의 전화 대화를 보며, 단순현재 시제와 현재진행형 시제를 잘못 사용했을 때 생길 수 있는 오해를 알아보세요.

(on the phone)
Brad: So, what do you do in your free time?
Nancy: I read a book, watch movies and just chill. What about you?
Brad: I'm playing tennis.
Nancy: Oh, are you? Sorry, I didn't know that. I'll call you back later then.
Brad: What? What are you talking about? You asked me what I do in my free time.
Nancy: Yeah, but you said you are playing tennis now, so I thought you are busy.
Brad: Oh, sorry. I should have said, "I play tennis."
Nancy: Yes, you should. Please use your tense properly.

(전화 통화 중)
Brad: 그래서 자유 시간에 뭐 해? (평소 취미가 뭐야?)
Nancy: 난 뭐 책도 읽고, 영화도 보고 그냥 쉬지. 너는?
Brad: 나 테니스 치고 있어.
Nancy: 아, 그러니? 미안, 몰랐어. 그럼 내가 나중에 전화할게.
Brad: 응? 뭔 소리야? 네가 나 자유 시간에 뭐 하는지 물어봤잖아.
Nancy: 그랬지. 그런데 너 지금 테니스 치고 있다며. 그래서 네가 바쁜 줄 알았지.
Brad: 아, 미안. "테니스 쳐"라고 해야 했는데.
Nancy: 그러니까. 시제 좀 잘 써라.

습관이나 취미는 자신에 대한 정보를 전하는 것이므로 단순현재 시제를 써야 합니다. 하지만 Brad는 평소 테니스를 치는 취미를 얘기하면서 현재진행형(I'm playing tennis.)을 사용했고, Nancy는 당연히 Brad가 계속 통화할 수 없는 상황이라고 판단해 전화를 끊으려고 했습니다. 이렇게 단순현재 시제와 현재진행형 시제를 잘못 사용하면 의사소통에 문제가 생길 수도 있으니, 의도를 생각해서 적절히 사용해야 합니다.

UNIT 2 과거 시제

01 단순과거 시제

단순과거 시제가 쓰인 문장들을 살펴보세요.

Your advice **helped** me a lot.
네 조언이 나에게 도움이 많이 되었어.

She **didn't eat** anything this morning.
그녀는 오늘 아침에 아무것도 먹지 않았어.

What **did** you **study** in Australia? 호주에서 뭘 공부했어요?

No one **was** interested in his presentation.
아무도 그의 발표에 관심을 가지지 않았다.

Were you at the bar last night? 어젯밤에 술집에 있었어요?

Which part **was** the highlight of the ceremony?
그 행사의 하이라이트는 어떤 부분이었어요?

영어의 단순과거 시제는 동사에 따라 다음의 형태가 됩니다.

	일반동사	be동사
긍정문	일반동사의 과거형(V-ed / 불규칙 과거동사)	was/were
부정문	didn't(did not) + 일반동사원형	was/were + not
의문문	Did + 주어 + 일반동사원형 …?	Was/Were + 주어…?

단순과거 시제는 이름에서도 알 수 있듯, '과거에 일어난 일'을 전달하는 시제입니다. 즉, '이미 끝나버린 일, 그리고 더 이상 현재 사실과는 관련이 없는 과거의 일'을 이야기할 때만 단순과거 시제를 씁니다.

과거의 사실 전달

이 과거의 사실은 역사적 사실일 수도 있고, 여러 요소로 인해 그때 당시에는 사실이었지만 현재는 사실로 받아들여지지 않는 것들도 포함합니다.

The Second World War lasted from 1939 to 1945.
세계 2차대전은 1939년부터 1945년까지 지속되었다. (역사적 사실)

The Earth was once believed to be flat.
지구는 한때 평평하다고 여겨졌다. (현재는 사실이 아니지만 한때 사실이었던 내용)

Truth be told, the owner of Titanic did not say it was unsinkable.
사실을 말하자면, 타이타닉의 소유주는 그것이 가라앉지 않는 배라고 말한 적이 없었다.
(실제 있었던 사실)

과거에 일어난 일이거나 과거에 끝난 일

이때는 보통 과거임을 나타내는 다양한 표현과 함께 쓰입니다.

I already had lunch, so I'm full.
나는 이미 점심을 먹어서 배가 불러.

She didn't like the house we saw last week. She said it was too old-fashioned.
그녀는 우리가 지난주에 봤던 그 집을 마음에 들어하지 않았어. 너무 구식이라고 했어.

I visited my parents last weekend.
나는 지난주에 부모님 댁에 갔어.

I was a spoiled child when I was little.
나는 어렸을 땐 제 멋대로 하는 아이였어.

02 과거진행형 시제

과거진행형 시제의 기본형은 다음과 같습니다.

긍정문	부정문	의문문
was/were + V-ing	was/were + not + V-ing	Was/Were + 주어 + V-ing?

He **was talking** on the phone when the car almost hit him.
차가 그를 칠 뻔했을 때 그는 통화 중이었다.

My friends **were sleeping** when I arrived.
내가 도착했을 때 내 친구들은 자고 있었다.

Yesterday, as I **was driving** to work, I saw a car on fire.
어제 나는 운전하고 직장에 가다가, 불이 붙은 차를 봤다.

It **was not raining** when I left home.
집에서 나왔을 땐 비가 오고 있지 않았다.

Were we **talking** too loud last night?
어젯밤에 우리가 너무 크게 이야기하고 있었나요?

What **were** you **doing** around 8? 8시쯤 뭐 하고 있었어?

과거진행형 시제는, 과거 어느 특정 시점을 기준으로 진행 중이던 일을 말할 때 쓰입니다. 어느 특정 시점을 기준으로 앞뒤 0.1초라도 진행되고 있었다면 과거진행형으로 표현합니다. 과거진행형 시제가 쓰이는 상황은 다음과 같습니다.

과거 시점을 기준으로 일어나고 있었던 일

과거진행형의 기준점은 특정 과거 시점입니다. 그 기준점으로부터 앞뒤 0.1초라도 진행되고 있던 일이라면 과거진행형을 씁니다.

When I got home, my kids **were doing** their homework.
내가 집에 도착했을 때 내 아이들은 숙제를 하고 있었다.

→ 이 문장에서는 '내가 집에 도착했을 때'가 기준점이 되어, 그 앞뒤로 진행 중이던 일, '아이들이 숙제를 하는 중이었다'를 나타내기 위해 과거진행형을 썼습니다.

When I got home, my kids **did** their homework.
내가 집에 도착했을 때, 아이들은 숙제를 했다.

→ 이 문장은 단순히 과거에 있던 2가지 일을 시간 순서대로 말하는 문장입니다. 즉, 내가 집에 도착했을 때, 아이들은 그 이후에 숙제를 했다는 2가지 일이 순서대로 나열된 문장입니다.

과거진행형 vs. 단순과거형

과거진행형은 특정하고 명확한 과거의 기준점이 있어야 하므로, 비교적 넓은 범위의 시간 표현과는 잘 쓰이지 않습니다.

What **were** you **doing** yesterday? 어제 너 뭐 하고 있었어?

What **did you do** yesterday? 어제 너 뭐 했어?
→ 두 문장에서 시간 표현 yesterday는 특정하고 명확한 때라기보다 '어제 하루'라는 넓은 시간을 포함하므로, 단순과거 시제가 쓰인 두 번째 문장이 더 자연스럽습니다.

What **were** you **buying** when I saw you at the mall?
쇼핑몰에서 내가 너 봤을 때 너 뭐 사고 있었어?

What **did** you **buy** when I saw you at the mall?
쇼핑몰에서 너 봤을 때 너 뭐 샀니?

→ 두 문장에서 when I saw you at the mall은 비교적 명확한 때를 나타내는 과거의 기준점 표현이므로, 과거진행형 시제가 쓰인 첫 번째 문장이 더 자연스럽습니다.

과거진행형을 써야 하는데 단순과거를 쓰는 실수를 생각보다 많이 합니다. 어떤 과거 시점을 기준으로, 끝나 있는 일인지 진행 중이던 일인지를 잘 생각해 보고 써야 합니다.

03 더 정교한 과거 의미 표현, used to + 동사원형

'현재는 더 이상 그렇지 않고 과거에 그랬다'를 표현하기 위해 'used to + 동사원형'을 씁니다. 이 표현을 쓰면 듣는 사람은 자연스레 Not anymore(이제는 더 이상 아니다)라고 받아들여, 굳이 추가적으로 지금은 그렇지 않음을 설명할 필요가 없습니다.

used to + 동사원형 vs. 과거 시제

I **used to** work out a lot. (used to + 동사원형)
나는 예전에 운동을 참 많이 했어.

→ 지금은 더 이상 운동을 하지 않거나, 더 이상 많이 하지 않는다는 것을 전달합니다.

I **worked** out a lot. (과거 시제)
나는 운동을 참 많이 했어.

→ 과거에 운동을 많이 했으며, 지금도 그렇게 하는지는 알 수 없습니다.

used to + 동사원형 vs. would + 동사원형

둘 다 '과거에 일어난 일 + 현재는 더 이상 일어나지 않는 일'이라는 맥락으로 쓰이긴 하지만, 다음과 같은 차이점이 있습니다.

used to + 동사원형	일정 기간 동안 지속된 일이나 행동, 상태
would + 동사원형	과거에 반복된 행동

❶ used to + 동사원형

과거에 일정 기간 동안 지속된 일을 말할 때 쓰입니다. 따라서 used to는 보통 '어떤 것의 지속적인 상태를 나타내는 동사(State verbs) 혹은 일정 기간 동안 했던 일들을 나타내는 동사(Action verbs)'들과 함께 쓰입니다. 어떤 행동이 이따금씩 반복되거나 그 순간에만 일어난 일에 대해서는 쓰지 않습니다.

There <u>used to</u> **be** a big old tree.
저기에 예전에 아주 큰 고목이 있었어. (현재는 없음-나무가 있었던 사실은 반복될 수 없는 일)

I <u>used to</u> **live** in Seoul for a couple of years, but I moved to Busan last year.
나는 한 2년간 서울에 살았다가 작년에 부산으로 이사했어.
(현재는 서울에 살지 않음-일정 기간 지속된 일)

cf. I used to visit my parents every Sunday.
나는 매주 일요일마다 부모님을 찾아 뵙곤 했어.
→ 과거 매주 일요일마다 부모님을 찾아 뵌 것은 반복된 일에 속하므로 would visit으로 표현해야 합니다.

❷ would + 동사원형

과거 어떤 일이 반복적으로 계속해 이루어졌지만 현재는 더 이상 일어나지 않는 일을 말합니다. 따라서 would는 보통 '어떤 일이 일어났다는 것을 전하는 행위와 관련된 동사(Action verbs)'와 함께 쓰입니다. would는 일정 기간 동안 지속적으로 일어난 일이나 상태를 이야기할 때는 쓰지 않습니다.

I <u>would</u> **get up** around 7 in the morning when I studied at a graduate school.
나는 대학원에 다닐 때 아침 7시에 일어나곤 했어.
(현재는 7시에 일어나지 않음-과거의 반복적 행동)

He would <u>would</u> **ask** weird questions to the professor, and that was when they would start arguing.

그는 교수님께 이상한 질문을 하곤 했고, 그러면 그들은 말다툼을 시작했다.

(더 이상 이런 일이 일어나지 않음—과거에 반복적 발생 행동)

cf. When she was a child, she would live near Mt. Everest.

그녀는 어렸을 때, 에베레스트 산 근처에 살았었다.

→ 과거 어느 장소에 살았던 것은 반복된 행동이라기보다 지속적인 상태라고 볼 수 있기 때문에, used to live로 표현해야 합니다.

다음 지문을 읽고 해당 문장에 쓰인 단순과거 시제와 과거진행형 시제를 확인해 보세요.

When I was driving back home, I saw my sister walking down the street. She was holding a cup of coffee on one hand and her bag on the other. I wanted to get her in my car, but I couldn't because I was driving too fast to pull over.

나는 운전해서 집으로 돌아가던 중에, 여동생이 길을 걸어가고 있는 걸 봤다. 동생은 한 손에 커피를, 다른 한 손에 가방을 들고 있었다. 나는 동생을 차에 태우고 싶었지만, 차를 세우기에는 너무 빠르게 운전하고 있어서 그러지 못했다.

When I **was driving** back home, I **saw** my sister walking down the street.
→ 여동생을 보았을 때(기준이 되는 과거 특정 시점) 당시 운전을 하고 있었다.

She **was holding** a cup of coffee on one hand and her bag on the other.
→ 내가 여동생을 보았던 그 특정 시점을 기준으로 여동생은 커피와 가방을 양손에 들고 있었다.

I **wanted** to get her in my car, but I **couldn't** because I **was driving** too fast to pull over.
→ 여동생을 보고 또 다른 과거의 일(태우고 싶었다)이 일어났고, 그때 당시 태우지 못했던 이유는 특정 시점(태우고 싶었던 시점)을 기준으로 운전하고 있었기 때문이다.

UNIT 3 현재완료 시제 1

대부분의 문법책에서는 현재완료 시제를 현재 시제의 하위 그룹으로 넣지만, 사실 현재완료 시제는 과거 시제와 더 연관성이 높습니다. 현재 시제는 현재의 사실과 반복적인 일에 초점을 두지만, 현재완료 시제는 과거에 일어난 일과 현재와의 연관성에 대한 시제이기 때문이죠. 현재완료 시제는 ① 어떤 경험을 말하거나 물을 때, ② 과거에 시작되어 현재에도 True인 상태를 말할 때 씁니다.

01 어떤 경험을 말하거나 물을 때

영어 현재완료 시제의 기본형은 다음과 같습니다.

긍정문	부정문	의문문
have/has + 과거분사	have/has + not + 과거분사	Have/Has + 주어 + 과거분사 ～?

현재완료를 쓰는 의도는 그 경험을 구체적으로 '언제' 했는지 말하는 것이 아니라 '어떤 경험이 있다 혹은 없다', '있다면 몇 번이 있다'입니다.

I've never come across any celebrities in my whole life.
나는 살면서 한 번도 유명인을 마주친 적이 없어.

I have seen this movie more than ten times at least.
나는 적어도 이 영화를 10번 이상은 봤어.

Have you tried Tiger Shrimp before? 너 타이거 쉬림프 먹어 본 적 있어?

과거 시제 vs. 현재완료 시제

과거 시제	현재완료 시제
경험의 구체적인 때를 말하거나 물을 때	경험의 유무만을 전하거나 물을 때
과거를 나타내는 표현과 함께 쓰임	과거를 나타내는 표현과 같이 쓰이지 않음

A: I've been to Australia before.
B: Oh, when was it and how long did you stay there?
A: About 10 years ago. I was there for 3 months.
B: That sounds great. I've never lived abroad before.

A: 나 전에 호주에 가 본 적 있어. 호주에 가 본 적이 있다는 경험 전달 → 현재완료 시제

B: 오, 언제였어? 거기서 얼마나 있었는데? 특정 과거 시점에 대한 질문 → 단순과거 시제

A: 한 10년 전쯤. 거기서 3개월 있었어.   특정 과거 시점 질문의 대답 → 단순과거 시제

B: 멋진걸. 난 한번도 외국에 산 적이 없는데. 외국에 살아 본 적이 없다는 (무)경험 전달

→ 현재완료 시제

이러한 관점에서, 과거의 특정한 때와 관련된 when 절은 현재완료와 함께 쓰이지 않습니다. When 절을 쓰는 순간, 그 발화는 과거의 어떠한 때를 구체적으로 말하거나 물어보는 질문에 대한 답이기 때문입니다. 다음 문장을 보며 확인하세요.

I've eaten it when I was in Hawaii. (X)   → I ate it when I was in Hawaii. (O)

나 하와이에 있었을 때 그거 먹었어.

When have you seen it? (X)   → When did you see it? (O)

너 그거 언제 봤어?

I didn't live abroad. vs. I've never lived abroad.

I **didn't live** abroad. (외국에 살 수 있었지만 본인의 선택으로) 난 외국에서 살지 않았다.

I**'ve never lived** abroad. 외국에 살아 본 적이 없다.

don't/didn't를 쓸 때는 choose not to do something(~을 하지 않기로 하다)인 것을 참고하세요.

02   과거에 시작되어 현재에도 True인 상태를 말할 때

현재완료 시제 vs. 단순과거 시제

과거에 시작되어서 현재에도 True인 상태를 말할 때 현재완료 시제를 씁니다. 이때가 한국식 영문법 책에서 말하는 '과거에 벌어진 일이 현재까지 영향을 줄 때'와 비슷한 경우입니다. 다음의 각 문장들이 현재에 어떤 영향을 미치는지 파악하면서 단순과거 시제와 현재완료 시제의 차이점을 확인해 보세요.

1. They were married for 70 years.
   그들은 70년간 결혼 생활을 했다.

2. They **have been** married for 70 years.
   그들은 70년간 결혼 생활을 해 오고 있다.

문장 1은 단순과거 시제 문장으로, 이 문장을 통해 우리가 알 수 있는 건 과거의 사실뿐입니다. 즉, 그들이 70년간 결혼 생활을 과거에 했으며, 현재는 그 사실이 어떤 이유에서든(사별, 이혼 등) True가 아님을 알 수 있죠.

문장 2를 통해서는 과거에 시작된 그들의 결혼 생활이 70년째인 지금까지도 이어지고 있다는 것(현재도 True)을 알 수 있습니다.

> 3. I **taught** English in Sydney, Australia.
> 나는 호주 시드니에서 영어를 가르쳤다.
>
> 4. I've **taught** English in Sydney, Australia.
> 난 호주 시드니에서 영어를 가르치고 있다. / 영어를 가르친 적이 있다.

문장 3은 '나는 호주 시드니에서 영어를 가르쳤다'라는 과거의 사실을 제공하며, 현재 나의 직업이나 상태는 화자나 청자가 알 수 없습니다.

문장 4는 맥락에 따라 2가지로 해석할 수 있습니다. 첫 번째는 '나는 과거 어느 시점부터 지금까지 호주 시드니에서 영어를 가르치고 있다'로, 화자와 청자는 현재 나의 상태와 직업도 알 수 있습니다. (현재도 True라는 관점) 두 번째는 과거의 경험(시드니에서 영어를 가르쳐 본 적이 있다)을 얘기하는 문장으로 해석될 수 있습니다. (경험 전달의 관점)

'완료' 및 '결과' 용법도 과거에서 시작되어 현재까지 True인 상황

한국식 영문법에 정리된 4가지 용법 중 '완료'와 '결과' 용법은 어떨까요? 이 두 가지 용법 역시, '과거에 일어난 일이 현재까지도 True일 때'의 설명으로 이해할 수 있습니다.

① 현재완료 '완료' 용법 다르게 보기

> I **have** already **sent** you an email.
> 나는 이미 너에게 이메일을 보냈어.

이 문장은 부사 already가 들어 있는 대표적인 완료 용법의 문장입니다. 이 문장에서 과거에 일어난 일은 이메일을 보냈다는 사실(I already sent an email)이며, 그리고 이 사실을 현재완료 시제를 통해 전달함으로써 현재에도 그 사실은 유효하다(and the fact is still true)는 의미입니다.

그렇다면 해당 문장을 그냥 과거 시제로 나타내는 경우는 어떤 때일까요? 상대방으로부터 언제 이메일을 보냈는지, 과거 시점을 물어보는 질문을 받았을 때입니다. 이 질문의 답은 과거 특정 시점이 되어야 하므로 현재완료 시제로 답하면 어색합니다.

A: **When did** you **send** the email to me?
언제 나에게 이메일을 보냈지?

B: I **sent** it this morning.
오늘 아침에 보냈어요.

② 현재완료 '결과' 용법 다르게 보기

She **has gone** to work. 그녀는 일하러 갔어.

해당 문장은 대표적인 결과 용법 문장입니다. 여기서 과거에 일어난 일은 그녀가 일하러 갔다는 사실(she went to work)이며, 그리고 이 사실을 현재완료 시제를 통해 전달함으로써 현재에도 그 사실은 유효하다(and she is still at work)는 의미입니다.

그렇다면 이 문장을 단순과거 시제로 나타내는 경우는 어떤 때일까요? 역시 상대방으로부터 과거 시점을 물어보는 질문을 받았을 때입니다. 이 질문의 답은 과거 특정 시점이 되어야 하므로 현재완료 시제로 답하면 어색합니다.

A: Where **did** she **go** this morning? / Where **was** she this morning?
오늘 아침에 그녀는 어디에 갔어? / 오늘 아침에 그녀는 어디에 있었어?

B: She **went** to work. 일하러 갔지.

단순과거 시제 vs. 현재완료 시제

A: Hey, it has been a while! How have you been?

B: It's been so hectic. I've done some job interviews and (have) had a few internships, too. Oh, I've also started cutting down on caffeine since last month. I decided to do it immediately when I heard it's bad for my sleeping habit. And more importantly, I've finally bought a house.

A: 야, 진짜 오랜만이다! 어떻게 지냈어?

B: 너무 바빴어. 면접도 봤고 인턴도 몇 개 했어. 아, 나 지난 달부터 카페인 섭취를 줄이기 시작했어. 카페인이 수면 습관에 안 좋다는 것을 들었을 때 바로 그렇게 하기로 했거든. 게다가 더 중요한 건, 나 드디어 집 샀어.

> A와 B는 오랜만에 만났고, A가 B의 근황을 묻습니다. **'근황'이란 어떤 과거 시점부터 현재까지의 상태나 상황을 설명하는 말**입니다. 따라서 근황을 전하는 말에 쓰이는 시제는 현재완료입니다. 현재완료를 씀으로써 과거의 일이 현재에서 True라는 것을 보여 줍니다. 반면, **카페인을 줄이기로 결정했던 과거의 순간을 전달할 때는 단순과거**입니다. 즉, 과거의 사실만 전할 뿐 현재와는 아무 연관이 없다는 화자의 의도를 전합니다.

단순과거 시제 vs. 과거진행형 시제 vs. 현재완료 시제

The Greek poet Homer wrote the famous works, *The Iliad* and *The Odyssey*. At his time, Greek society was not fully developed but in the process of it, so many social aspects, including politics and philosophy, were emerging and evolving. Since Homer's works were first published to the world in 1614, it has been recognized that they successfully demonstrate the ideas of his contemporaries.

그리스 시인 Homer는 그 유명한 《일리아드》와 《오딧세이》를 썼다. 그가 살던 당시, 그리스 사회는 완전히 발달된 것이 아니라 발전해 가는 과정에 있었고, 따라서 정치와 철학 같은 많은 사회적 요소들이 생겨나며 발전하고 있었다. 1614년 Homer의 작품이 세상에 처음으로 발간돼 알려진 후, 그 작품들은 그가 살던 당대의 사상들을 잘 묘사한 작품으로 인정받고 있다.

> 해당 지문에서 **과거에 끝난 일**(작품을 썼다는 과거 사실을 전달하는 문장, 예전의 그리스 사회를 묘사하는 문장 등)은 모두 단순과거 시제로 쓰였고, **과거 어떤 시점을 기준으로 진행 중이던 일**(예전 그리스 사회에서 일어나고 있던 일)은 모두 과거진행형으로 쓰인 반면, **과거에 인정받은 부분이 현재에도 그러하다는 내용**은 현재완료로 표현되어 있습니다.

UNIT 4 현재완료 시제 2

저는 현재완료(have p.p.)를 '과거 시제 조절 장치'라고 부릅니다. 그 이유는, 동명사 (V-ing), to부정사(to + 동사원형), 분사(V-ing/p.p.) 속 동사의 시제를 한 시제 과거로 조절할 수 있기 때문입니다. 이게 무슨 얘기냐고요? have p.p.가 과거 시제 조절 장치로 쓰이는 것을 이해하려면, 먼저 to부정사, 동명사, 분사의 공통점을 알아야 합니다.

to부정사/동명사/분사의 공통점
시제를 나타내는 동사가 들어 있지만 그 동사가 **동사 역할을 하지 않는다.**

동사는 여러 품사 중에서 유일하게 시제를 조절할 수 있는 품사입니다. 과거 시제라면 일반동사에 -ed(혹은 불규칙으로), 미래 시제라면 will, 현재 시제라면 -s를 더해서 시제를 조절하며, be동사는 주어와 수, 시제에 따라 그 형태가 바뀝니다. 그렇지만 to부정사/동명사/분사는 그렇지 않습니다.

Brian **represented** our class.
Brian은 우리 반을 대표했다. (과거 시제 -ed)

Brian **represents** our class.
Brian은 우리 반을 대표한다. (3인칭 단수 현재 시제 -s)

Brian **will represent** our class.
Brian은 우리 반을 대표할 것이다. (미래 시제 will + 동사원형)

Katy **was** a student last year.
Katy는 작년에 학생이었다. (과거 시제)

Katy **is** a student this year.
Katy는 올해 학생이다. (현재 시제)

Katy **will be** a student next year.
Katy는 내년에 학생일 것이다. (미래 시제)

I was very happy **to help** you.
너를 도와줄 수 있어서 너무 좋았어. (과거 시제 동사 was와 to부정사)

Supporting him doesn't mean I like him.
걔를 지지한다는 게 내가 걔를 좋아한다는 건 아니잖아. (현재 시제 동사 doesn't mean과 동명사)

Watching the Netflix, he had dinner.
그는 넷플릭스를 보면서 저녁을 먹었다. (과거 시제 동사 had와 분사구문)

또 동사는 어디서든 꺾이지 않는 3가지 고집이 있는데, 이 성향이 아주 강해서 동사가 문장에서 자기 역할인 동사로 쓰이든, 자기 역할이 아닌 다른 것(동명사, 부정사, 분사)으로 쓰이든 다음의 3가지 고집을 절대 꺾지 않습니다. 여기서 3번째 고집이 지금까지 설명한 내용의 핵심입니다.

동사의 3가지 고집

1	**주어를 가질 수 있다.** → to부정사, 동명사, 분사구문은 일명 '의미상 주어'를 가질 수 있다.
2	**목적어를 가질 수 있다.** → 목적어는 필요하다면 동사 뒤에 따라올 수 있다.
3	**시제를 조절할 수 있다.** → to부정사, 동명사, 분사구문이 쓰인 문장의 실제 동사보다 to부정사, 동명사, 분사구문에서 일어난 일이 한 시제 과거일 때 have p.p.를 통해 시제를 조절한다.

01 　동명사구에서 과거 시제 조절 장치

동명사구는 V-ing가 문장 전체에서 동사 역할이 아닌 명사 자리(동사 앞, 동사 뒤, 전치사 뒤)에 위치해서 '동명사구'라는 이름이 붙었습니다.

1. **Emigrating to Switzerland** *is* the best decision my family has ever made.
   스위스로 이주하는 것은 우리 가족이 결정한 일 중 가장 잘한 일이다.

2. **Having emigrated to Switzerland** *is* the best decision my
   family has ever made.
   스위스로 이주했던 것은 우리 가족이 결정한 일 중 가장 잘한 일이다.

문장 1은 현재 혹은 미래에 스위스로 이주할 것이고, 그게 우리 가족이 가장 잘한 결정임을 말합니다. (문장 전체의 시제는 현재)

문장 2가 문장 1과 다른 점은 과거 시제 조절 장치인 have p.p.를 써서 표현했다는 것입니다. 이 문장에서는 과거에 스위스로 이주했고, 지금 보니 가장 잘했던 결정임을 말합니다. (문장 전체의 시제는 현재)

동명사에 문장 전체의 시제보다 과거에 일어난 일을 나타내고자 할 때 시제 조절 장치인 have p.p.를 활용해 having p.p.를 씁니다.

3. I am sorry *for* **bothering you.** 널 귀찮게 하는 것이 미안해.

4. I am sorry *for* **having bothered you.** 널 귀찮게 했던 것이 미안해.

문장 3의 bothering you는 명사 자리(전치사 for 뒤)의 동명사입니다. 이 문장에서는 현재나 미래에 상대방을 귀찮게 하거나 할 것이고, 그 사실에 미안하다고 합니다. (문장 전체의 시제는 현재)

문장 4는 과거에 상대방을 귀찮게 했고, 그 사실에 미안하다고 말합니다. (문장 전체의 시제는 현재)

▎02   to부정사에서 과거 시제 조절 장치

to부정사는 'to + 동사원형'으로, 동사는 포함되어 있지만 동사 역할이 아닌 명사, 형용사, 부사 역할을 합니다.

1. My boss *pretended* **to do** the project all by himself.
   내 상사는 그 프로젝트를 모두 혼자서 하는 것처럼 행세를 했다.

상사가 과거에 어떤 행세를 했고, 그 당시 혼자 하는 것처럼 행동했음을 말합니다. (행세하던 당시 프로젝트가 진행 중이던 것을 알 수 있는 문장)

to부정사 역시 과거 시제 조절 장치의 원리가 적용됩니다. have p.p.가 to 부정사의 시제 조절 장치로 쓰이는 다음 문장을 보세요.

2. My boss *pretended* to have done the project all by himself.
내 상사는 그 프로젝트를 모두 혼자서 <u>했던</u> 것처럼 행세를 했다.

문장 2가 문장 1과 다른 점은 과거 시제 조절 장치인 have p.p.를 활용해 to have p.p.로 표현됐다는 것입니다. 과거에 어떤 행세를 했고, <u>그 프로젝트를 한 것이 행세를 한 것보다 더 과거에 일어난 일</u>임을 말합니다. (프로젝트가 끝난 뒤에 혼자 한 것처럼 행세했다는 것을 알 수 있는 문장)

즉, 동사가 포함되어 있지만 명사 자리에 있는 to부정사에 문장 전체의 시제보다 과거에 일어났던 일을 나타낼 때, 시제 조절 장치인 have p.p.를 활용해 to have p.p.를 씁니다.

3. Cathy *claims* to have seen the Queen of England from time to time.
Cathy는 영국 여왕을 종종 봤었다고 주장한다.

4. Cathy *claims* to see the Queen of England from time to time.
Cathy는 영국 여왕을 종종 본다고 주장한다.

문장 3은 <u>과거에 여왕을 종종 봤고, 그 사실을 현재 주장한다</u>는 의미입니다. (여왕을 봤던 것은 과거, 그 사실을 주장하는 것은 현재)
문장 4는 <u>현재 종종 여왕을 보고, 그 사실을 현재 주장한다</u>는 의미입니다. (여왕을 보는 것과 그 사실을 주장하는 것 모두 현재에 일어나는 일)

참고로 분사구문 역시 같은 원리가 적용되지만, 분사구문 파트에서 따로 설명합니다.

다음은 많은 청중 앞에서 발표하는 상황을 1인칭 시점으로 묘사한 글입니다. to부정사와 to have p.p. / V-ing와 having p.p.가 쓰인 문장을 보면서 의미 차이를 느껴 보세요.

Am I doing right? These people look like they want to leave this place! They seem to have completely lost interest in my presentation. What is the problem? The topic!? I now regret having chosen this for the topic. What should I do? Should I just stop talking and leave?

나 지금 잘하고 있나? 사람들이 지금 여길 떠나고 싶은 것 같잖아! 내 발표에 완전히 흥미를 잃은 것 같아. 문제가 뭐지? 발표 주제!? 이걸 주제로 골랐던 게 후회되네. 어떡하지? 그냥 얘기를 멈추고 나가야 하나?

These people look like they <u>want</u> **to leave** this place!
→ to leave는 동사 want의 목적어 자리인 to부정사입니다. 떠나고(to leave) 싶어 하는 마음 (want)이 동일한 시제에 일어나는 일이어서 to부정사를 씁니다.

They <u>seem</u> **to have completely lost** interest in my presentation.
→ to have completely lost는 동사 seem의 보어 자리에 놓였습니다. 흥미를 잃은 것(have completely lost)이 현재 그렇게 보이는(seem) 것보다 이전에 일어난 일(이미 흥미를 잃었고, 현재 그렇게 보인다는 것)이라고 생각하므로 to have p.p.를 씁니다.

I now <u>regret</u> **having chosen** this for the topic.
→ having chosen은 동사 regret의 목적어 자리에 놓인 동명사입니다. 후회하는 것은 현재, 이 것을 주제로 골랐다는 사실은 과거여서 having p.p.를 씁니다.

Should I just <u>stop</u> **talking** and leave?
→ talking은 동사 stop의 목적어 자리에 놓인 동명사입니다. 어떤 행동을 멈추는 것도 현재, 그 행동에 해당하는 '말하는 행위' 또한 현재 일어나는 일이어서 시제 차이가 없으므로 V-ing를 씁니다.

UNIT 5 과거완료 시제

과거완료는 대과거(특정 과거 시점보다 더 앞선 과거)와 특정 과거 시점의 관계를 다루는 문법입니다. 따라서 과거완료 시제를 쓸 때는 반드시 '특정 과거 시점'을 전하는 과거 시제와 함께 쓰여야 하며, 과거에 일어난 단 하나의 일을 전달할 때는 단순과거 시제를 써야 합니다. 과거완료 시제는 ① 과거 특정 시점 전의 경험을 말하거나 물을 때, ② 과거에 일어난 2가지 일의 순서를 명확히 밝혀야 할 때 씁니다.

01 과거 특정 시점 전의 경험을 말하거나 물을 때

특정 과거 시점을 기준으로 하여 그보다 더 전에 일어나거나 혹은 일어나지 않았던 경험을 말할 때 과거완료 시제를 씁니다. 이때, 그 경험을 구체적으로 '언제' 했는지 말하는 것이 화자의 의도가 아닙니다. '어떤 경험이 있었다 혹은 없었다', '있었다면 몇 번 있다'가 의도입니다.

I **had never seen** anyone that big until I saw him.
나는 그 사람을 보기 전까지는 그렇게 큰 사람을 본 적이 없었어.

When we were on our first date at the theater, I **had** actually **seen** that movie twice.
우리가 극장에서 첫 데이트했을 때, 나는 사실 그 영화 두 번이나 봤었어.

Had you **visited** Korea prior to coming here two years ago?
너 2년 전에 여기 오기 전에 한국을 방문한 적 있었어?

→ 각 문장에서 밑줄 친 부분이 기준이 되어 그 전에 겪거나 겪지 못한 경험을 묻거나 말합니다.

02 과거에 일어난 두 일의 순서를 명확히 밝혀야 할 때

과거에 일어난 어떤 일이 다른 일보다 먼저 일어났음을 분명히 밝혀야 할 때 과거완료 시제를 씁니다. 주의할 점은 과거 시제 2개로 이어진 문장과 과거 시제와 과거완료 시제로 이어진 문장의 차이를 아는 것입니다.

1. When the phone rang, I **had** already **left**.

전화가 울렸을 때 난 이미 떠나 있었다.

2. When the phone rang, I **left**.

전화가 울렸을 때 난 떠났다.

문장 1은 과거 시제(rang)와 과거완료 시제(had already left)로 이루어진 문장입니다. 이 문장은 전화가 울렸을 때 나는 이미 떠났다, 즉 내가 떠난 것이 먼저 일어났음을 알리려는 의도를 전달합니다.

문장 2는 과거 시제(rang)와 또 다른 과거 시제(left)로 이루어진 문장입니다. 이렇게 단순과거 시제 2개가 연결될 때는 연결된 순서가 일어난 사건의 순서라고 보면 됩니다. 즉, 전화가 울렸고 그 후 나는 떠난 것이 됩니다.

3. The light **had gone off** when the music started.

음악이 시작될 때 불이 이미 꺼졌다.

4. The light **went off** when the music started.

음악이 시작될 때 불이 꺼졌다.

문장 3에서는 과거 시제(started)를 기준으로 먼저 일어난 일, 즉 이미 불이 꺼져 있었음을 알 수 있습니다.

문장 4에서는 과거 시제(started)가 일어났을 때 불이 꺼졌음을 알 수 있습니다.

때로는 과거에 일어난 2가지 일을 2개의 과거 시제로 이어주든, 과거 시제와 과거완료 시제로 이어주든 큰 차이가 없을 때도 있습니다. 보통 일어난 일의 순서를 굳이 밝혀주지 않더라도 명확할 때이거나 혹은 일의 순서가 크게 중요하지 않을 때입니다.

5. I **packed** my stuff before I took the train.
   나는 기차를 타기 전에 내 짐을 챙겼다.

6. I **had packed** my stuff before I took the train.
   나는 기차를 타기 전에 내 짐을 챙겼다.

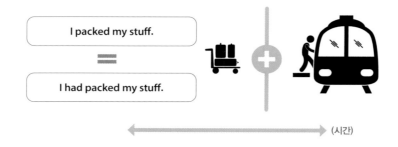

문장 5에서는 과거 시제(packed/took)가 쓰였고, 문장 6에서는 과거 시제(took)와 과거완료 시제(had packed)가 쓰였습니다. 하지만 두 문장 모두 접속사 before를 통해 일어난 일의 순서를 명확히 하고 있어서 일어난 일에 어떤 시제를 쓰든 의미 차이가 없습니다.

그렇다면 비교적 일어난 일의 순서가 명확함에도 단순과거 시제로 이어 주지 않고 과거완료 시제를 쓰는 이유는 무엇일까요? 바로 과거완료 시제를 쓰면 먼저 일어난 일 때문에 어떤 일이 영향을 받았음을 강조할 수 있기 때문입니다.

I **had** already **eaten** 3 meals that day, so I wasn't very hungry at night.

나는 그날 이미 세 끼를 먹었고, 그래서 밤에 별로 배가 고프지 않았다.

→ 이미 세 끼를 먹었던 일(had already eaten)이 과거 시점에 배가 고프지 않았던(wasn't very hungry) 것에 영향을 주었음을 강조하고 싶어서 과거완료 시제를 썼습니다.

I wasn't aware of your situation because no one **had told** me that before.

아무도 전에 내게 그걸 말해 주지 않았기 때문에 나는 네 상황을 몰랐어.

→ 아무도 나에게 말해 주지 않았기 때문에(no one had told me) 특정 과거 시점에 상대의 상황을 알지 못했음(wasn't aware of your situation)을 강조하기 위해 과거완료 시제를 썼습니다.

UNIT 6 미래 시제

미래 시제에서 가장 잘못된 개념이 이 'will = be going to 공식'입니다. 이 둘은 미래에 일어날 일을 말한다는 공통점은 있지만 그 쓰임새가 완전히 같지는 않습니다. 또 특이하게 미래 시제는 현재진행형으로도 표현할 수 있습니다. 이것을 가르는 핵심은 화자의 의도입니다. 의도대로 잘 전하고 이해하기 위해 3가지 표현의 차이점을 반드시 알아두세요.

01 will과 be going to의 차이점

미래에 실행할 행동이나 의지

① will: 말하는 그 순간에 결정된 일

미처 생각할 겨를도 없이 순간적으로 대답해야 하는 질문을 받거나, 순간적인 결정을 내려야 하는 상황에 놓일 때, will을 씁니다.

A: Hey, have some bread. It's nice.
야, 이 빵 좀 먹어 봐. 맛있어.

B: I **will**.   알았어.
→ '먹어야겠다'는 순간적인 결정으로 '알았어'라고 대답한 것이므로 will을 씁니다.

A: Look at this message! There is a party next weekend!
이 문자 좀 봐! 다음 주말에 파티 있대!

B: Hmm, I don't think I **will** go.   흠, 난 안 갈 것 같아.
→ 파티가 있다는 사실을 방금 알았고, 순간적으로 '가지 않겠다'고 정한 뒤 답했으므로 I don't think I will을 씁니다.

❷ be going to: 말하기 전에 결정되고 계획된 일이나 그 일에 대한 의지를 나타낼 때

말하기 전에 계획된 일의 의도나 의지를 전할 때는 be going to를 씁니다.

A: Oh, I'm so nervous now. My job interview is today.
하, 지금 너무 긴장돼. 오늘 취업 면접이야.

B: Even if you don't get the job, I**'m going to** trust you like I do. 직장을 못 얻어도, 지금처럼 너 믿을게.

→ 상대방을 믿겠다고 말하기 전부터 이미 마음속에서 결정한 일이므로 be going to를 씁니다.

A: I'm almost there! What do I need to do?
저 거의 다 왔습니다! 제가 뭘 해야 하죠?

B: Everything is already set up for you. Our staff **is going to** pick you up and drive to the hotel.
모든 게 다 준비되어 있습니다. 저희 직원이 태워서 호텔까지 데려다 줄 거예요.

→ Everything is already set up에서 알 수 있듯이, 이미 준비된 일들을 전달하는 것이므로 be going to를 씁니다.

❸ will과 be going to가 전하는 화자의 의도 차이

다음 문장들을 보면서 화자의 의도에 따른 will과 be going to의 활용을 확인해 보세요.

I**'ll** get a job next month. 다음 달에 일을 구해 볼게.

→ 그 전에 생각해 본 적은 없지만, 말하는 순간에 결심한 상태.

I**'m going to** get a job next month. 다음 달에 일을 구할 거야.

→ 말하기 전부터 다음 달에는 일을 구할 계획이 있었고, 그것을 실천할 것이라는 것이 포인트.

I haven't decided what to give for her birthday. Hmm… okay, I**'ll** buy some clothes.
걔 생일에 뭘 줄지 결정 못 했어. 음, 그래. 옷을 사야겠다.

→ 생일 선물로 무엇을 줄지 결정 못하다가 말한 순간 내린 결정을 전하기 때문에 will.

I failed the test before. I'm **not going to** fail again.

나는 전에 불합격했어. 다시는 안 떨어질 거야.

→ 전에 떨어진 시험에 다시는 떨어지지 않겠다는 의지를 나타내므로 be going to.

What **are** you **going to** do after graduation? Have you thought about it?

졸업 후에 뭐 할 거야? 생각해 본 적 있어?

→ 졸업 후 뭘 할 것인지, 미리 생각해 놓은 게 있는지 물어보는 것이므로 be going to.

(버스를 탔는데 앞의 사람이 카드를 분실한 상태) I'll pay for him.

제가 대신 낼게요.

→ 앞의 사람이 카드가 없다는 걸 알고, 그 순간 내린 결정을 말하기 때문에 will.

미래 상황에 대한 예측, 예상

---

❶ will: 개인적 의견, 판단, 직관을 바탕으로 하는 예측이나 예상

어떤 근거를 바탕으로 하지 않고, 내 생각과 의견을 바탕으로 예측할 때는 will을 씁니다.

A: Do you know what kind of flowers your wife likes?

아내가 어떤 꽃을 좋아하는지 아세요?

B: I'm not sure. I guess roses **will** work.

잘 모르겠네요. 아마 장미면 될 겁니다.

→ 아내가 어떤 꽃을 좋아하는지는 모르지만, 내 의견에 장미가 좋을 것 같다는 생각.

A: I heard you're going to tell everyone tonight that you're getting married. Your family **will** love it.

오늘 밤 모두에게 결혼 발표를 한다고 들었어. 가족이 너무 좋아하겠다.

B: Yeah, I'm kind of nervous because they haven't met him yet.

맞아. 우리 가족이 아직 그 사람을 만난 적이 없어서 나 약간 긴장돼.

→ 오늘 저녁 결혼 발표를 한다는 건 정해진 계획이어서 be going to를 쓰지만, 가족들이 결혼 소식을 듣고 정말 좋아할 것 같다는 것은 내 판단에 의한 예상이므로 will을 씁니다.

❷ be going to: 주어진 상황과 사실, 명백한 증거를 바탕으로 하는 예측이나 확신

현재의 사실을 근거로 가까운 미래에 일어날 일을 예상, 예측할 때 be going to를 씁니다.

According to the statistics, our birth rate **is going to** hit the bottom again next year.

통계 자료에 따르면, 내년 출산율이 또 다시 바닥을 찍을 것이다.

→ 주어진 통계 자료를 근거로 하는 미래 출산율에 대한 예측으로, 보통 이런 수치 관련 예측은 주어진 데이터를 가지고 하므로 be going to를 씁니다.

A: Look at this dark cloudy sky! It'**s going to** rain any minute.

하늘에 먹구름 낀 것 좀 봐! 금방 비 오겠다.

B: You didn't know that? The weather forecast said it yesterday.

몰랐어? 어제 일기예보에서 비 올 거라고 했어.

→ 현재 먹구름이 가득한 사실을 바탕으로 하는 예측이므로 be going to를 씁니다.

상황에 따라 구별해 쓰는 will과 be going to

같은 일에 대한 예측이라도 상황에 따라 will과 be going to를 구별해 씁니다.

상황 1: 경기는 3분 남았고, Chelsea가 5:0으로 앞선 상황

Chelsea **is going to** beat Liverpool and win the champion of this season!

Chelsea가 Liverpool을 이기고 올 시즌 챔피언이 될 것 같습니다!

→ 경기 종료 3분 전, 점수가 5:0이기 때문에 명백히 Chelsea가 승리할 만한 상황이고 <u>명백한 증거를 통해 예측하기 때문에</u> be going to를 씁니다.

상황 2: Chelsea 팬인 아나운서가 경기 시작 전 동료와 대화를 나누는 상황

Chelsea **will** beat Liverpool and win the champion of this season.

Chelsea가 Liverpool을 이기고 올 시즌 챔피언이 될 수도 있겠지요.

→ 경기가 시작되기 전에는 승부를 예측할 수 있는 결정적인 근거가 부족합니다. <u>개인적인 의견과 판단으로 이길 것이라고 예측하기 때문에</u> will을 씁니다.

Chelsea **is going to** beat Liverpool and win the champion of this season.

Chelsea가 Liverpool을 이기고 올 시즌 챔피언이 될 겁니다.

→ 여러 데이터를 종합해서 내린 판단일 때는 이렇게 be going to를 쓸 수도 있습니다.

미래의 일에 대한 약속: will

"I promise"라고 말하거나 뭔가를 하겠다는 약속의 맥락이라면 will을 통해 표현합니다.

(I promise) I **won't** be late again.
다시는 안 늦을게. (다시는 늦지 않겠다는 약속)

(I promise) I'**ll** be careful. 조심할게. (조심하겠다는 약속)

(I promise) It **won't** happen again.
다시는 이런 일 안 일어날 거야. (이런 일이 일어나지 않게 하겠다는 약속)

(I promise) I'**ll** keep it a secret. 비밀 지킬게. (비밀을 지키겠다는 약속)

잘못 쓴 be going to가 부른 오해

(The phone rings.)
Sean: I'm **going to** get it!
(Sean talks on the phone with his friend and hangs up the phone.)
Jules: Did you know someone was going to call you?
Sean: No, I didn't. The phone was near me when it rang, so I picked it up.
Jules: Oh, I thought you knew because you said "I'm going to get it". You should've said "I'll get it" because you decided to pick it up exactly when it rang.
Sean: Sorry, my bad.

(전화가 울린다.)
Sean: 내가 받을 거야!
(Sean이 친구와 통화하고 전화를 끊는다.)
Jules: 누가 너한테 전화할 거란 거 알고 있었어?
Sean: 아니. 전화 왔을 때 근처에 있으니까 받았지.
Jules: 아, 난 네가 "I'm going to get it!"이라고 해서 누가 거는지 알고 있는 줄 알았지. 전화 왔을 때 네가 받을 거라고 한 거면 "I'll get it!"이라고 했어야 해.
Sean: 미안, 내가 잘못했어.

이 대화에서 생긴 오해의 핵심은, Sean이 순간에 내린 결정(will)인데도 불구하고 이미 정해져 있던 일 처럼 be going to를 썼다는 것입니다.

---

02   현재진행형(am/are/is + V-ing)을 통한 미래 표현

현재진행형으로 나타내는 미래는 미리 정해진 확실한 계획을 뜻합니다. 확실히 정해진 계획이라서 때를 나타내는 미래 표현이 함께 나옵니다. 확실하다는 의도를 가지고 말할 때 씁니다.

A: What **are you doing** tomorrow?   내일 뭐 해?

B: I'm **playing basketball** tomorrow morning.   나 내일 아침에 농구해.

→ 내일 정해진 어떤 확실한 계획이 있는지 물어보는 질문이어서 A는 현재진행형을 써서 물었고, B 또한 확실한 계획(농구를 한다)을 말하기 때문에 현재진행형으로 답합니다.

be going to와 현재진행형의 차이점

be going to와 현재진행형 둘 다 정해진 계획을 얘기한다는 점은 같지만 어감상 미묘한 차이점이 있습니다. be going to와 현재진행형 중 어떤 표현을 쓸 것인지는 화자의 의도에 달렸습니다.

be going to : 그것을 하겠다는 의도나 의지에 초점
현재진행형 : 이미 결정된 확실한 일이 가까운 미래에 있을 거라는 정보 전달에 초점

1. I'm going to get married soon.

나 곧 결혼할 거야.

→ 예전부터 마음먹고 있었던 '곧 결혼을 하겠다'라는 내 의지와 의도를 전달하는 데 초점이 있습니다.

2. I'm getting married next month.

나 다음달에 결혼해.

→ 이미 결정된 일이 일어날 것이라는 정보 전달에 초점이 있습니다. 즉, 현재진행형은 오로지 미래에 일어날 일에 대한 정보 전달 그 자체가 목적입니다.

3. I'm going to get a new phone. Mine now is too old.

새 폰 사야겠어. 지금 내 폰이 너무 오래됐어.

→ 지금 휴대폰이 너무 낡아서 새 휴대폰을 사야겠다고 예전부터 마음먹은 내 의지를 전달하는 데 초점이 있습니다.

4. I'm getting a new phone tomorrow.

나 내일 휴대폰 새로 사.

→ 이미 결정된 일인 '내일 휴대폰을 산다'는 사실을 전달하는 것에 초점이 있습니다.

다음 글을 읽고, 미래 표현이 어떤 의미인지 이해해 보세요.

> Tomorrow will be a big day because I'm seeing Dr. Henderson, who I've been looking up to for my entire life. We are meeting at my laboratory at 2 p.m. I'm going to ask him some questions about his ongoing experiments and also going to take him to a nice restaurant for dinner. I don't want to get nervous, but I think I will, so I'm going to sleep early tonight.
>
> 내일은 내가 일생 동안 존경해 왔던 Henderson 박사님을 만나기 때문에 엄청난 날이 될 것이다. 우리는 2시에 내 실험실에서 만난다. 나는 박사님께 현재 진행 중인 실험에 관해 몇 가지 질문을 할 것이고, 멋진 저녁 식사를 대접하러 괜찮은 레스토랑에 모시고 갈 것이다. 긴장하고 싶지는 않은데 그럴 것 같다. 그래서 오늘 밤에는 일찍 자려고 한다.

will이 쓰인 상황

Tomorrow **will** be a big day 내일은 엄청난 날이 될 것이다.

but I think I **will**. 내 생각에는 그럴 것(긴장할 것) 같다.

→ 이 두 표현은 맥락상 모두 '내 의견을 바탕으로 한 미래 예측'이므로 will을 사용합니다.

be going to가 쓰인 상황

I'm going to ask him some questions
나는 그에게 몇 가지 질문을 할 것이다.

and also **going to** take him to a nice restaurant
그리고 그분을 괜찮은 레스토랑에 모시고 갈 것이다.

I'm going to sleep early tonight. 오늘은 일찍 잘 것이다.

→ 맥락상 '~할 것이다'라는 나의 의도와 의지를 나타내기 때문에 be going to를 사용합니다.

현재진행형이 쓰인 상황

I'm seeing Dr. Henderson
나는 Henderson 박사님을 만난다.

We **are meeting** at my laboratory at 2 p.m.
우리는 오후 2시에 내 실험실에서 만난다.

→ 맥락상 모두 '미리 정해진 계획'을 말하기 때문에 현재진행형을 사용합니다.

CHAPTER 2   더 이상 계륵이 아닌 문장 형식

문장의 형식을 알아야 하는 이유

한국 영문법 책의 앞부분을 차지하는 내용이 문장의 5가지 형식입니다. 영어의 그 수많은 문장을 동사를 기준으로 5개 구조로 나눈 후에 문장 법칙이라고 정한 이 분류법은, 사실 계륵 같은 존재입니다. 안 하자니 마음이 편하지 않고 하자니 굳이 왜 이걸 하는가 하는 생각이 들지요.

저는 복잡한 구문의 영어 문장을 빠르게 파악하는 데 형식이 어느 정도 기여를 한다고 봅니다. 특히 한국어 외에는(자신이 마음을 강하게 먹지 않고는) 영어가 들리지도 않고 접하기도 힘든 지금 상황에서는 말입니다. 하지만 주의할 것은 이런 형식과 구조가 있다는 것을 알고 가는 것이지 거기에 매몰되어서는 안 된다는 점입니다. 여기에 나오는 내용만 잘 이해한다면 형식과 관련해서는 더는 신경 쓰지 않아도 됩니다.

주어 + 동사 (+ 부사구) = 1형식

다음 문장에서 주어와 동사에 밑줄을 그으면 다음과 같습니다.

> <u>I</u> <u>sat</u> quietly on the couch. 나는 조용히 소파에 앉았다.
> <u>She</u> <u>didn't go</u> to school. 그녀는 학교에 가지 않았다.
> <u>The sun</u> <u>rises</u> every morning. 태양은 매일 아침 떠오른다.
> <u>The cost</u> <u>will increase</u> next year. 내년에 비용이 오를 것이다.

이 문장들의 공통점은 '주어 + 동사 + (동사 뒤에 오는 표현이 모두) 부사구'라는 점입니다. 부사구는 '2단어 이상으로 된, 주어 + 동사가 없는 덩어리이자, 문장에서 없애도 남은 문장이 문법적으로 완전한 단위'를 말합니다. 이렇게 '주어 + 동사' 뒤에 문법적으로 형용사 혹은 명사가 쓰이지 않고 부사구가 온다면, 즉 주어와 동사만으로도 문법적으로 완전하다면 그 문장은 1형식입니다. 하지만 '주어 + 동사'만을 쓰면 의미적으로 문장이 허전하기 때문에 그 의미를 더해 주는 부사구가 쓰이는 것입니다. 물론 맥락에 따라 부사구 없이 쓸 수도 있습니다.

1형식이라고 짧은 문장만 있는 것은 아닙니다. 다음 문장은 길어 보여도 1형식 문장입니다.

> **Peggy**, who has been suffering insomnia for 2 years, slept surprisingly well last night.
> 2년간 불면증을 겪고 있는 Peggy가 어젯밤에 놀랄 정도로 잘 잤어요.
>
> → 주어와 동사는 Peggy와 slept로, 나머지는 모두 주어와 동사를 꾸며 주는 표현입니다.
> 주어 Peggy ← who has been suffering insomnia for 2 years
> 동사 slept ← surprisingly well last night
> 따라서 '주어 + 동사 (+ 꾸며 주는 표현들)'로 이루어진 1형식 문장입니다.

UNIT 2

주어 + 동사 + 보어(형용사(구), 명사(구)) = 2형식

01 2형식 문장

다음 문장들을 보면서 어떻게 구성되어 있는지 파악해 보세요.

Roses smell nice. 장미는 좋은 향기가 난다.

I feel the most comfortable at home.
나는 집에 있을 때 가장 편안하게 느낀다.

I was furious. 나는 엄청 화가 났었다.

He became a monster. 그는 괴물이 되었다.

2형식에서는 '주어 + 동사' 뒤에 문법적으로 형용사(구) 혹은 명사(구)가 반드시 와야 합니다. 즉, 동사 뒤에 형용사(구)/명사(구)가 없으면 문법적으로 불완전한 문장이며, 이 형용사(구)/명사(구)는 주어에 어떤 정보를 제공하므로 '주격 보어'라고 부릅니다.

2형식	① 주어 + 동사 + 형용사구(형용사 or 전치사구)
	② 주어 + 동사 + 명사(구)

주격 보어가 주어에 정보를 제공하는 문장

'주격 보어가 주어에 정보를 제공한다'는 것은 무슨 뜻일까요? 다음의 관계일 때 주격 보어가 주어에 정보를 제공한다고 말합니다.

① 주어와 주격 보어가 동격(=)인 관계(주어 = 주격 보어)

She **is** a student.

그녀는 학생이다. (She = a student의 관계)

My dream **is** to be a singer.

내 꿈은 가수가 되는 것이다. (My dream = to be a singer의 관계)

② 주어가 주격 보어의 상태가 되는 관계

She **turned** 17 years old.

그녀는 17세가 되었다. (그녀가 16세였다가 17세가 된 상태)

I **got** hungry after skipping lunch.

나는 점심을 거른 뒤 배가 고파졌다. (배가 안 고팠다가 고프게 된 상태)

③ 주격 보어가 주어의 상태를 서술하는 관계

I **am** married.

저는 기혼입니다. (내가 결혼한 상태)

They **are** angry at their manager.

그들은 매니저에게 화가 나 있다. (그들이 화가 난 상태)

Attention!

주격 보어를 완벽하게 이해해야 하는 이유

영어에서 2형식과 다음에 배울 3형식의 구조는 다음과 같습니다.

2형식: **명사 + 동사 + 명사**(주격 보어)
3형식: **명사 + 동사 + 명사**(목적어)

동사 뒤에 오는 명사가 주격 보어인지 목적어인지 어떻게 알 수 있을까요? 동사 뒤에 쓰인 명사와 주어와의 관계가 앞에 말한 3가지 관계 중 하나에 속하면 그 문장은 2형식, 그렇지 않으면 3형식입니다.

1. They **became** friends.   그들은 친구가 되었다.
   ('주어 = 주격 보어'의 관계 → 2형식)
2. They **want** friends. 그들은 친구를 원한다.
   (주격 보어 관계가 성립 X → 3형식)

02 가주어–진주어 구문도 2형식

문법책에서 많이 접하던 '가주어-진주어' 구문 또한 2형식입니다.

It **is** essential to study history of the country you live in.
당신이 살고 있는 나라의 역사를 공부하는 건 꼭 필요하다.

→ '가주어(it) – 진주어(to ~)' 구문으로, 원래 문장은 다음과 같습니다.
To study history of the country you live in is essential.
'주격 보어가 주어의 상태를 설명'하는 관계이므로 2형식입니다.

It **has become** obvious that technology is overwhelming our lives.
기술이 우리 삶을 압도하고 있다는 것이 분명해졌다.

→ 가주어(it) – 진주어(that ~) 구문으로, 원래 문장은 다음과 같습니다.
That technology is overwhelming our lives has become obvious.
'주어가 주격 보어의 상태가 되는'의 관계이므로 2형식입니다.

주어 + 동사 + 목적어(명사(구/절)) = 3형식

3형식 문장은 보통 '주어가 목적어를 동사한다'의 의미입니다.

I read three books every month.
나는 매달 책을 세 권 읽는다.

My dad **likes** baking.
우리 아버지는 빵 굽는 것을 좋아한다.

He **took** this picture four years ago.
그는 4년 전에 이 사진을 찍었다.

3형식	주어 + 동사 + 목적어(명사/명사구/명사절)
	동사의 의미를 완성시키는 1개의 명사(구/절)가 반드시 필요한 문장

여기서 '목적어'란 동사의 행위나 상태를 받는 객체를 말합니다. 즉, 동사만으로는 그 문장의 의미를 완전히 전달하지 못하므로, 동사의 부족한 의미를 완성시켜 주는 표현이죠.

I want. 나는 원한다.

위의 문장에서는 나는 '무엇을' 원하는지가 있어야 문장 전체의 의미가 완성됩니다. 여기서 '무엇을'에 해당하는 것이 목적어이므로 완전한 문장은 다음과 같습니다.

I **want** some water. 나는 물을 좀 원한다.

I **want** to go shopping. 나는 쇼핑을 가길 원한다.

명사 역할을 하는 목적어가 필요한 문장

목적어의 형태는 기본적으로 명사이지만, '명사 역할'을 할 수 있는 다른 문법들 즉, to부정사, 동명사, 명사절, 명사구, 대명사도 모두 목적어로 쓸 수 있습니다.

I **forgot** to lock the door.
제가 문을 잠그는 걸 깜빡했어요. (to부정사)

I **like** drinking coffee in the morning.
나는 아침에 커피 마시는 걸 좋아한다. (동명사)

The scientists **insist** that global warming is getting worse.
과학자들은 지구 온난화가 점점 악화되고 있다고 주장한다. (명사절/that절)

Can I **get** a toast with a fried egg on top?
계란 프라이가 올라간 토스트 하나 주세요. (명사구)

Where are all my clothes? I can't **find** them.
내 옷들 다 어디 있어? 도저히 못 찾겠어. (대명사)

같은 동사가 1형식으로 쓰일 때도 있고, 3형식으로 쓰일 때도 있습니다.

The cost will **increase**.   비용이 오를 것이다. (1형식)

High demands will **increase the cost**.
높은 수요는 비용을 올릴 것이다. (3형식)

→ increase는 1형식일 때는 동사 의미 그 자체로 문장을 끝낼 수 있는 '오르다'이고, 3형식일 때는 동사의 의미를 완성시키는 목적어가 필요한 '~을 올리다'입니다.

Wine gets better when it **ages**.
와인은 숙성될 때 더 좋아진다. (1형식)

Sleeping too much **ages you**.
잠을 너무 많이 자는 건 오히려 사람을 늙게 한다. (3형식)

→ age는 1형식일 때는 동사 의미 그 자체로 문장을 끝낼 수 있는 '숙성되다, 나이가 들다'이고, 3형식일 때는 동사의 의미를 완성시키는 목적어가 필요한 '~을 나이 들게 하다'입니다.

UNIT 4

주어 + 동사 + 목적어 + 목적어 = 4형식

다음 문장들을 보면서 4형식 문장은 어떻게 구성되어 있는지 확인하세요.

I'll **give** you a hand.
제가 당신을 도와줄게요.

They **sent** me this box.
그들이 나에게 이 상자를 보냈다.

I'**ll make** you dinner tonight.
내가 오늘 밤에 너에게 저녁 만들어 줄게.

He **asked** me too many questions.
그는 나에게 너무 많은 질문을 했다.

He **bought** me new shoes.
그는 내게 새 신발을 사줬다.

4형식은 목적어가 필요하다는 점에서는 3형식과 비슷하지만, 동사의 의미를 완성시키기 위해 필요한 명사가 2개라는 점에서는 차이가 있습니다. 즉, 의미상 목적어가 2개가 있어야 하는 동사가 4형식에 쓰인다는 것입니다. 4형식을 보통 '수여동사'라 부르는데, 동사의 뜻이 대부분 우리말로 '~(명사 1)에게 ⋯(명사 2)을 해 주다'의 의미이기 때문입니다.

4형식	주어 + 동사 + 명사 1(간접목적어: ~에게) + 명사 2(직접목적어: ~을)

의미에 따라 목적어의 수가 달라지는 동사

같은 동사인데 의미에 따라 목적어를 1개 또는 2개를 취할 수 있습니다. 즉, 한 동사가 3형식으로도 4형식으로도 쓰일 수 있다는 의미입니다.

I **made**. (무엇을 만들었는지 없음.) make는 3형식과 4형식에서 모두 쓸 수 있는 동사.

→ I **made** + dinner. 나는 **저녁을** 만들었다.
　 목적어가 1개인 3형식. make가 3형식에서 쓰일 때는 '~을 만들다'

→ I **made** + him + dinner. 나는 **그에게 저녁을** 만들어 주었다.
　 목적어가 2개인 4형식. make가 4형식에서 쓰일 때는 '~에게 …을 만들어 주다'

My sister **taught**. (무엇을 가르쳤는지 없음.)
teach는 3형식과 4형식에서 모두 쓸 수 있는 동사.

→ My sister **taught** + English. 우리 누나는 **영어를** 가르쳤다.
　 목적어가 1개인 3형식. teach가 3형식에서 쓰일 때는 '~을 가르치다'

→ My sister **taught** + me + English. 우리 누나는 **나에게 영어를** 가르쳐 줬다.
　 목적어가 2개인 4형식. teach가 4형식에서 쓰일 때는 '~에게 …을 가르쳐 주다'

의미는 같지만 문장 구조가 다른 것들

같은 의미를 전하더라도 문장 구조에 따라 3형식과 4형식으로 나뉠 수 있습니다. 이것이 바로 한국 영문법 책에서 말하는, 4형식 문장을 3형식(전치사 + 간접목적어를 문장 뒤에 놓는)으로 바꾸는 것입니다.

1. I **bought** her / some flowers. 나는 그녀에게 꽃을 사다 주었다. **(4형식)**
2. I **bought** some flowers / for her. 나는 그녀에게 꽃을 사다 주었다. **(3형식)**

3. He **owes** you / a lot. 그 사람은 너에게 큰 신세를 졌어. **(4형식)**
4. He **owes** a lot / to you. 그 사람은 너에게 큰 신세를 졌어. **(3형식)**

두 쌍의 예문은 같은 뜻이지만 문장 구조를 보면 각각 4형식과 3형식으로 다릅니다. 그 이유는 다음과 같습니다.

문장 1과 3의 구조: 주어 + 동사 + 목적어 1 + 목적어 2

→ 동사 뒤에 목적어로 쓰인 명사 2개가 바로 위치하며, '주어 + 동사 + 목적어 1 + 목적어 2'의 구조인 4형식입니다.

문장 2와 4의 구조: 주어 + 동사 + 목적어 + 전치사구

→ 전치사구는 부사구(없애더라도 남은 문장이 완전한 구)로 쓰였으며, 부사구는 문장의 구성 성분(주어, 목적어, 보어)이 될 수 없습니다. 즉, 문장의 형식을 결정하는 요소가 아니라는 얘기입니다. 따라서 해당 문장의 구조는 문장의 요소가 아닌 전치사구를 제외하면 '주어 + 동사 + 목적어'이므로, 3형식입니다.

3형식 문장의 '전치사구'에 쓰는 전치사는 동사에 따라 달라지며 각 동사에 어울리는 전치사는 다음과 같습니다.

동사	전치사
give(주다), owe(신세 지다), send(보내다), show(보여 주다), teach(가르치다), bring(가져오다), offer(제안하다) 등	to
buy(사다), find(찾다), choose(고르다), cook(요리하다) 등	for
ask(묻다)	of

I'll **find** you a right book.
내가 너에게 맞는 책을 찾아줄게. (4형식)

I'll **find** a right book for you.
내가 너에게 맞는 책을 찾아줄게. (3형식)

The interviewer **asked** me a weird question.
그 면접관은 나에게 이상한 질문을 하나 했다. (4형식)

The interviewer **asked** a weird question of me.
그 면접관은 나에게 이상한 질문을 하나 했다. (3형식)

다음 문장들을 보고 각 문장에서 밑줄 친 두 표현의 관계를 생각해 보세요.

The book **made** <u>him</u> <u>a billionaire</u>.
그 책은 그를 억만장자로 만들었다.

His speech **made** <u>the audience</u> <u>cry</u>.
그의 연설이 청중을 울게 만들었다.

You need to **keep** <u>your room</u> <u>clean</u>.
넌 네 방을 깨끗하게 유지해야 해.

My teacher **encouraged** <u>us</u> <u>to take part</u> in the class.
우리 선생님은 우리가 수업에 참여하도록 격려했다.

I **saw** <u>him</u> <u>jumping</u> on the street.
나는 그가 길거리에서 방방 뛰고 있는 걸 봤다.

I **got** <u>my bike</u> <u>fixed</u>.
나는 내 자전거를 고쳤다. (내 스스로가 아닌, 타인에 의해)

5형식 문장에서 중요한 것은 바로 목적어와 목적격 보어의 관계입니다. 앞서 배운 주어와 주격 보어의 관계와 크게 다르지 않은데, 다음과 같이 정리할 수 있습니다.

5형식	주어 + 동사 + 목적어 + 목적격 보어(다양한 형태)

목적격 보어: 목적어에 관한 정보를 제공하는 표현

목적격 보어가 목적어에 정보를 제공한다는 것은 목적어와 목적격 보어가 다음의 관계일 때 그렇게 된다는 의미입니다.

1 '목적어와 목적격 보어가 동격(=)인' 관계(목적어 = 목적격 보어)

The **book** made him a billionaire.
그 책은 그를 억만장자로 만들었다. (그 = 억만장자)

We **called** her our best teacher.
우리는 그녀를 최고의 선생님이라 불렀다. (그녀 = 최고의 선생님)

Experts **consider** the early 1900s the beginning of modern era.
전문가들은 1900년대 초를 현대 시대의 시작이라고 여긴다. (1900년대 초반 = 현대 시대의 시작)

2 '목적격 보어가 목적어의 상태를 서술하는' 관계

Working all night long **will make** you exhausted.
밤새 일하는 것은 너를 너무 지치게 할 거야. (네가 아주 지친 상태)

Listening to opera **makes** me calm.
오페라를 듣는 게 날 차분하게 한다. (내가 차분한 상태)

3 '목적어가 목적격 보어의 행위를 하다'의 관계

His speech **made** the audience cry.
그의 연설은 청중을 울게 했다. (청중이 울다)

I **let** my daughters eat chocolate only on Sundays.
나는 내 딸들이 일요일에만 초콜릿을 먹게 한다. (내 딸들이 먹다)

목적격 보어의 쓰임새와 의미를 이해했다면 5형식 공부는 다 한 것입니다. 그 이후에 할 것은 '어떤 동사가 어떤 형태의 목적격 보어를 가지고 오는가'를 아는 것입니다.

다양한 목적격 보어를 취하는 5형식 동사

동사마다 5형식으로 쓰일 때 목적격 보어 자리에 올 수 있는 형태들이 다 다릅니다. 회화나 독해를 위해 다음 표는 기본적으로 꼭 알아두세요.

목적격 보어의 형태	해당 목적격 보어를 취하는 동사
동사원형	make(~를 …하게 만들다), have(~가 …하게 하다), let(~가 …하게 놔두다), help(~가 …하게 도와주다) 등
동사원형 / V-ing	see(~가 …하는 걸 보다), watch(~가 …하는 걸 보다), hear(~가 …하는 걸 듣다), feel(~가 …하는 걸 느끼다), notice(~가 …하는 걸 눈치채다) 등
to부정사	get(~가 …하게 하다), allow(~가 …하게 허락하다), encourage(~가 …하게 격려하다), tell(~에게 …하라고 말하다), want(~가 …하기를 원하다), ask(~에게 …하라고 요청하다), force(~가 …하게 강제하다) 등
형용사	make(~를 …한 상태로 만들다), find(~가 …한 상태임을 알다), keep(~가 …한 상태가 되게 유지하다), paint(~를 …하게 칠하다), get(~를 …한 상태로 만들다), judge(~가 …한 상태라고 판단하다) 등
명사	elect(~를 …로 선출하다), name(~를 …라고 명명하다), appoint(~를 …로 임명하다), make(~을 …로 만들다) 등

They **helped** us finish the project in time.
그들은 우리가 제때 프로젝트를 끝낼 수 있게 도와줬다. → **동사원형 목적격 보어**

The teacher **told** us to find something that interests us.
선생님은 우리에게 흥미를 느끼게 하는 것을 찾으라고 말했다. → **to부정사 목적격 보어**

We **elected** Hannah the class president.
우리는 Hannah를 반장으로 뽑았다. → **명사 목적격 보어**

The judge **found** him guilty.
판사는 그를 유죄라고 판명했다. → **형용사 목적격 보어**

4형식 vs. 5형식

다음 '명사 + 동사 + 명사 + 명사'로 구성된 문장을 보세요.

1. The stock **made** him a lot of money.
그 주식은 그에게 많은 돈을 벌어다 주었다.

2. The stock **made** him a millionaire.
그 주식은 그를 백만장자로 만들었다.

문장 1에서 him = a lot of money의 관계가 성립하지 않고, 동사(made) 의미에 맞게 명사 2개가 이어 나온 형태이므로 4형식.
문장 2에서 him = a billionaire의 관계, 즉 '목적어 = 목적격 보어' 관계가 성립하므로 5형식.

이렇게 같은 구성 성분으로 이루어진 문장이라도 동사 뒤에 쓰인 표현들의 관계, 문장 내에서의 역할들에 따라서 의미가 달라집니다.

'가목적어-진목적어' 구조 역시 5형식

문법책에서 많이 접하던 '가목적어-진목적어' 구문 또한 5형식입니다. 이때의 진목적어는 주로 to부정사나 that절인 경우가 대부분입니다.

주어 + 동사 + 가목적어(it) + 목적격 보어 + 진목적어(to부정사/that절)	= 5형식

여기서도 '목적어가 목적격 보어인 상태'인 관계는 변하지 않습니다.

Constructing a few more pipelines **will make** it much easier to transport crude oil.
송유관을 몇 개 더 건설하는 것이 원유 수송하는 것을 훨씬 더 쉽게 할 것이다.

→ 진목적어는 to transport crude oil로, 원유를 수송하는 것이(목적어) 훨씬 쉬운 상태(목적격 보어)의 관계입니다.

My brother always **finds** it <u>hard</u> to make friends.

내 남동생은 친구를 사귀는 게 늘 어렵다고 생각한다.

→ 진목적어는 to make friends로, 친구를 사귀는 것(목적어)이 어려운 상태(목적격 보어)의 관계입니다.

CHAPTER 3　의도를 바꾸는 핵심 요소, 조동사

조동사를 공부해야 하는 이유

조동사는 '동사(일반동사 혹은 be동사)를 도와주는(도울 조) 동사'입니다. 여기서 동사를 돕는다는 것은 무슨 뜻일까요? 조동사는 다음과 같이 2가지 이유로 동사를 돕습니다.

1. 문법적인 이유

일반동사가 들어간 부정문이나 의문문을 만들 때 조동사 do/does/did가 필요합니다.

We have a test tomorrow.   우리 내일 시험 있어.

부정문: We **don't** have a test tomorrow.
우리 내일 시험 없어.

의문문: **Do** we have a test tomorrow?
우리 내일 시험 있니?

He drives to work.   그는 직장에 운전해서 간다.

부정문: He **doesn't** drive to work.
그는 직장에 운전해서 가지 않는다.

의문문: **Does** he drive to work?
그는 직장에 운전해서 가니?

2. 의미적인 이유

일반동사나 be동사와 함께 쓰여, 동사의 의미를 약간씩 바꾸어 문장 전체의 의도를 바꿉니다. 조동사에 따라 문장 전체의 의도가 달라지므로 정확히 알고 써야 합니다.

I <u>run</u> in the morning.
나는 아침에 뛴다. (일반동사: 나에 대한 사실/정보 전달)

→ I **should** run in the morning.
나는 아침에 뛰는 게 좋겠어. (조동사 should: 나의 다짐 전달)

→ I **can't** run in the morning.
나는 아침에 못 뛰어. (조동사 can't: 할 수 없다는 정보 전달)

They <u>are</u> professional football players.
그들은 프로 축구 선수들이다. (be동사: 그들에 대한 사실/정보 전달)

→ They **must** be professional football players.
그들은 프로 축구 선수들인 게 확실해. (조동사 must: 강한 추측 전달)

→ They **can** be professional football players.
그들이 프로 축구 선수들일 수도 있다. (조동사 can: 가능성 전달)

결론적으로, 조동사는 문장 전체의 의도를 바꾸는 힘이 있는 단어입니다. 또 한 가지 명심해야 할 점은, '한 조동사에 한 가지 뜻만 있다'라는 생각을 버리는 것입니다. 조동사는 맥락에 따라 여러 가지 뜻을 내포할 수 있기 때문입니다. 따라서 조동사가 쓰인 여러 문장을 보며 각 맥락에 따라 어떤 의도를 전달할 수 있는지 꼭 학습해야 합니다.

참고로 이 장에서는 문장의 형태를 바꾸는 조동사 do, 시제를 관할하는 조동사 have는 다루지 않습니다. 영어에서 조동사(auxiliary verbs)라 불리는 것들 중 문장에서 가장 많이 접하는 것 위주로 설명합니다.

의무 및 금지에 관한 조동사
must, have to, should

must, have to, should, 이 세 조동사를 보통 'must = have to이고, should는 must보다 약한 개념이다'라고 배웁니다. 완전히 틀린 말은 아니지만, 더 정확하게 이해하려면 각 조동사가 쓰이는 구체적인 맥락을 알아야 합니다.

01 must와 have to의 차이

긍정문에서 쓰일 때는 동일합니다. 물론 약간의 차이는 있지만 원어민들은 거의 신경 쓰지 않습니다.

You **must** wear a seatbelt when you drive.
= You **have to** wear a seatbelt when you drive.
운전할 때는 안전벨트를 착용해야 합니다.

have to는 시제를 표시할 수 있지만, must는 시제가 존재하지 않는다

	have to	must
3인칭 현재 시제	has to	must
과거형	had to	had to
미래형	will have to	will have to
	원래 조동사가 아님	시제가 존재하지 않아 have to를 차용

I ~~musted~~ wear a school uniform when in secondary school. (must의 과거형 X)

→ I **had to** wear a school uniform when in secondary school. (과거형 had to)

나는 중고등학교 다닐 때 교복을 입어야 했다.

I ~~will must~~ finish my assignment tonight.

(will + must X / 영어에서 조동사는 연이어 쓰일 수 없음)

→ I **will have to** finish my assignment tonight. (미래형 will have to)

나는 오늘 밤에 과제를 끝내야 할 거야.

긍정문과 달리 부정문에서 의미가 달라진다

must와 have to는 긍정문에서는 동일한 뜻으로 쓰이지만, 부정문에서는 의미가 완전히 달라집니다.

1 **must not**(= mustn't): ~하면 안 된다(금지: 선택권 없이 따라야 함)

You **must not** take this medicine without a doctor's prescription.

이 약은 의사 처방전 없이 복용하면 안 된다.

→ 반드시 의사 처방전이 있어야만 복용할 수 있기 때문에 선택권이 없는 금지 사항.

No cameras are allowed. You **must not** take any pictures in here.

카메라는 허용되지 않습니다. 여기서는 어떤 사진도 찍으면 안 됩니다.

→ 카메라가 허용되지 않는 공간에 있으므로 사진 찍는 것이 금지.

I'll tell you my secret. You **must not** tell anyone.

내 비밀 말해 줄게. 아무한테도 말하면 안 돼.

→ 비밀을 말해 주는 것이기 때문에 다른 사람한테는 절대 발설 금지.

② don't have to: ~하지 않아도 된다(선택권 존재: 개인의 자유에 맡김)

You **don't have to** take this medicine anymore. You are fine now.

더 이상 이 약 복용하지 않아도 됩니다. 지금 괜찮으시니까요.

→ 현재 상태가 괜찮기 때문에 약의 복용 여부는 상대방의 선택.

It's a casual meeting, so you **don't have to** dress up.

격식 없는 미팅이라 차려 입지 않아도 돼요.

→ 격식 없는 편한(casual) 회의이므로, 차려 입고 말고는 상대방의 선택.

The book is due next week. You **don't have to** finish it today.

이 책은 다음주까지 반납입니다. 오늘 끝낼 필요는 없어요.

→ 책의 반납 기한이 아직 남았기 때문에 책을 오늘 끝내고 말고는 상대방의 선택.

02 must와 should의 차이

의무와 금지라는 의미에서는 공통점이 있지만, 어떤 행동인지에 따라 차이가 발생합니다. 행동을 하는 것 혹은 하지 않는 것이 개인의 의견인지(should) 혹은 정해진 규칙인지(must)를 따져보면 됩니다.

must: 사회적 혹은 집단의 기준에 따라 해야 하거나 하지 말아야 하는 행위

법, 규칙, 학칙 등 사회적으로, 혹은 속해 있는 집단에서 정한 기준에 따른 행위의 엄수를 뜻합니다.

You **must not** wear shorts in Vatican City.

바티칸에서는 반바지를 입으면 안 된다.

→ 국가의 법이기 때문에 must not.

You **must not** carry any liquids on a plane.

비행기에 어떠한 액체류도 들고 타면 안 된다.

→ 항공사 규정이기 때문에 must not.

The voucher **must** be used before April.

이 바우처는 4월 이전에 사용해야 한다.

→ 쿠폰을 발행한 회사의 규정이기 때문에 must.

P L U S

must not을 대체하는 표현들

▸ **be not allowed to : ~이 허용되지 않다**

You **are not allowed to** park on this street. You will get fined.

이 거리에서는 주차를 할 수 없다. (주차를 한다면) 벌금이 부과될 것이다.

▸ **be prohibited from : ~이 금지되어 있다**

Visitors **are** strongly **prohibited from** making a loud noise in this temple.

이 사원에선 방문객들이 큰 소리를 내는 것이 엄격히 금지되어 있다.

should: 개인의 생각에 옳거나 그렇지 않은 행위

should가 쓰이는 맥락에서는 I think it's a good idea to do it. (or I think it's a bad idea to do it.)이 포함되어 있습니다. 다시 말해, 필수적인 의무보다는 '어떤 사람의 의견이나 생각에 비추어 그 행동을 하는 것이 좋은 판단이거나 좋지 않은 판단일 때' 쓰입니다.

You **should** go home now.

넌 지금 집에 가야 할 것 같아.

→ 내가 생각하기에 집에 가는 게 좋을 것 같아서 should.

Should I bring any gifts?

아무 선물이라도 가져갈까?

→ 선물을 가져가는 게 좋은 생각인지 물어보기 때문에 should.

You **should** wear a coat. It's cold outside.

코트 입어. 밖이 추워.

→ 밖이 추우니 내 생각에 코트를 입는 게 좋을 것 같아서 should.

You **shouldn't** be worried. It'll be fine.

걱정하지 마. 괜찮을 거야.

→ 별일 없을 테니 걱정하지 않는 것이 좋을 것 같다이므로 should not.

You **shouldn't** be doing that. Stop it.

그거 하지 않는 게 좋을 것 같아. 그만해.

→ 법으로 금지된 것은 아니지만 내 생각에 좋지 않은 행동이기 때문에 should not.

P L U S

개인 의견을 전달할 때 쓰이는 must

개인 의견을 전달할 때도 should 대신 must가 쓰일 수 있습니다. 이때는 내 의견이 이러하다 정도가 아니라 의견을 아주 강력하게 말하는 것으로 볼 수 있습니다.

▶ **must** : 내 의견을 안 들으면 안 될 것 같은 느낌이 들게 강하게 전달

You **must** see this movie.

너 이 영화 꼭 봐야 해.

→ 이 영화를 강력히 추천하는 것. 이 말을 들었을 때 안 보면 안 될 것 같은 느낌을 줍니다.

▶ **should** : '내 의견은 이러하다'라고 피력하는 정도

You **should** see this movie.

너 이 영화 봐 봐.

→ 이 영화를 보는 게 좋을 것 같다 정도. 보고 안 보고는 듣는 사람이 알아서 결정할 일입니다.

UNIT 2
추측과 확실성에 관한 조동사
must, may, cannot

추측과 확실성은 어디까지나 상대적입니다. 누군가에게는 100%인 확실성이 다른 누군가에게는 70%가 될 수 있다는 것이죠. 추측과 확실성에 대한 조동사 must, may, cannot은 어디까지나 말하는 사람의 주관적인 판단이 좌우합니다.

▌01   must

확실성	100%
의미	~임에 틀림없다. 확실히 그럴 것이다
맥락	I am sure that something is true

The milk **must** be bad. It's been more than 2 months.
우유가 상한 게 틀림없어. 두 달 넘었네.

→ 우유가 두 달 이상이나 되었으므로, 상했을 거라는 100%에 가까운 확신.

Sandy **must** be at work. She left home long ago.
Sandy는 직장에 있지. 한참 전에 집에서 나갔어.

→ Sandy는 한참 전에 집에서 나갔고, (휴가 같은) 별다른 일정이 있다고 말한 적도 없으므로 지금은 직장에 있을 것이라는 확신.

P L U S

Must ≠ Fact

많은 학습자들이 착각하는 것이 '100%의 확실성 = 사실(Fact)'이라고 생각하는 경우입니다. 반드시 그렇지만은 않습니다. 다음 두 문장을 보고 미세한 차이를 느껴 보세요.

1. That painting **must be** expensive. 저 그림은 (100%) 비싸겠네.
2. That painting **is** expensive. 저 그림은 비싸.

→ 문장 1: 100%의 확신을 가지고 말하는 문장이긴 하지만, 여전히 이 내용은 나의 '추측'입니다. 즉, 저 그림이 비싼지 아닌지 Fact는 모르지만, 추측상 '100% 비쌀 것이다'라고 말하는 것이죠.

문장 2: 단순현재 시제를 썼고, '나는 저 그림이 비싸다'라는 <u>Fact</u>를 알고 말하는 문장입니다.

내가 알고 있는 Fact는 조동사 없이 단순현재 시제를, 모르지만 100%에 가까운 추측을 할 때는 조동사 must를 써야 합니다.

02   may

확실성	약함
의미	~일 수도 있겠다
맥락	I'm not sure that something is true

(I'm not sure) Mike **may** be sleeping now. I'll check.
아마 Mike는 지금 자고 있을 거야. 확인해 볼게.

→ Mike가 지금 자고 있을 것인지 확실치 않은 추측이므로, 확인해 봐야 한다는 말까지 합니다.

The grocery store **may** be closed by now. We should call them.
지금쯤이면 식료품점이 문을 닫았을 수도 있어. 전화해 보자.

→ 상점이 지금 문을 닫았는지 확실하지 않은 추측으로, 전화해 보는 게 좋겠다는 말도 합니다.

P L U S

may와 might의 차이

may와 might 둘 다 확실치 않은 추측을 나타낸다는 공통점이 있지만, **might가 may보다 추측의 확실성이 더 낮습니다.**

1. We **may** go camping this weekend.
→ 우리가 이번 주말에 캠핑에 갈 수 있겠다는 <u>가능성을 어느 정도 높게 보고 하는 말</u>.

2. We **might** go camping this weekend.
→ 이번 주말에 캠핑을 갈 수도 있겠다는 <u>가능성을 낮게 보지만, 그럴 수도 있을 것이라는 의미</u>.

즉, may와 might는 어떤 일에 대한 가능성을 어떻게 보는가에 따라 달리 쓰이므로, 맥락에 좌우됩니다.

03 cannot

확실성	100%
의미	확실히 그렇지 않다, 그럴 리가 없다
맥락	I am sure that something is NOT true

Mike **can't** be at home. I saw him at the bar only five minutes ago.

Mike가 집에 있을 리가 없어. 내가 5분 전에 술집에서 봤는데.

→ 내가 Mike를 불과 5분 전에 술집에서 봤기 때문에 집에 있을 리가 없다라는 확신.

You just ate two fried chickens. You **can't** be hungry.

너 방금 치킨을 두 마리나 먹었잖아. 배가 고플 리가 없어.

→ 방금 치킨 두 마리를 먹었기 때문에 배가 고플 수 없다라는 확신.

P L U S

Cannot ≠ Fact

must와 마찬가지로, can't 또한 '그럴 리가 없다라는 100%의 확신'이기 때문에, 알고 있는 Fact를 전달하는 것과 헷갈리기 쉽습니다. 이 또한 알고 있는 **Fact인지, 100%에 가까운 나의 추측인지만 구분**해 주면 됩니다.

1. The rumor **can't** be true.
그 루머가 사실일 리가 없어. (= 100% 사실이 아닐 거야.)

2. The rumor **is not** true.
그 루머는 사실이 아니야.

→ 문장 1: 100% 확신을 가지고 말하는 문장이긴 하지만 여전히 이 내용은 나의 '추측'입니다. 즉, 그 루머가 사실인지 아닌지 Fact는 모르고, 추측상 '100% 사실이 아닐 것이다'라고 말하는 것입니다.

→ 문장 2: 단순현재 시제를 썼고, '그 루머가 사실이 아니다'라는 Fact를 알고 말하는 문장입니다.

UNIT

3 can & could

많은 학습자들이 could를 can의 과거형으로만 생각하는데, 이건 could의 많고 많은 용법 중 하나만 알고 있는 것에 불과합니다. 여기서는 can과 could의 차이점, 그리고 could의 또 다른 용법을 알아봅니다.

01 could가 can의 과거형으로 쓰일 때

can의 많고 많은 의미 중 '능력(~할 수 있다)'의 뜻일 때만 could를 과거형으로 활용할 수 있습니다. 그 외의 뜻으로는 could를 과거형으로 사용할 수 없습니다.

He **can** speak four languages accurately.
그는 4개 국어를 정확히 할 수 있어. (그가 현재 가진 능력을 전달)

He **could** speak four languages accurately.
그는 4개 국어를 정확히 할 수 있었어. (그가 과거에 가졌던 능력을 전달)

02 could와 can의 차이점

가능성과 추측의 could와 can

가능성과 추측을 나타낼 때 쓰이는 could와 can의 차이점은 다음과 같습니다.

could	가능성이나 확실성이 더 낮거나 낮다고 생각하는 추측
can	가능성이나 확실성이 높거나 높다고 생각하는 추측

추측은 사람의 주관적인 생각입니다. 그 확실성에 주관적인 정도를 전달하기 위해 could와 can이 쓰이는 것이죠.

It **could** be very cold there.
거기 엄청 추울 수도 있어. (확실성은 크게 없지만, 그럴 수도 있겠다의 정도)

It **can** be very cold there.
거기 엄청 추울 것 같아. (확실성이 높은 추측)

They **could** come on time.
그 사람들이 시간 맞춰서 올 수도 있어. (가능성은 높지 않지만, 그럴 수도 있다의 정도)

They **can** come on time.
그 사람들이 시간 맞춰서 올 것 같아. (그럴 가능성이 높은 상황에서 하는 추측)

상대에게 요청이나 허가를 구하는 **could**와 **can**

could	좀 더 격식을 차린 요청과 허가
can	격식이 없다기보다는 좀 더 편한 상대에게 하는 요청과 허가

Could I have my bill, please?
계산서 주시겠어요? (격식)

Can I have my bill, please?
계산서 주실래요? (편하게)

Could I get two small lattes?
라떼 작은 거 두 잔만 주시겠어요? (격식)

Can I get two small lattes?
라떼 작은 거 두 잔 주실래요? (편하게)

03 한국 문법책에는 없는 can의 용법

can은 능력, 허가, 추측 외에 다음의 용법으로 쓰이기도 합니다.

일반적인 진술을 할 때

일반적 진술이지 사실을 말하는 게 아니라는 점에 주의하세요. 즉, 무조건적인 사실은 아니지만 일반적으로는 그러한 내용에 이 can을 쓸 수 있습니다. 하지만 같은 내용이라도 발화를 하는 사람이 진술로 본다면 can을, 사실로 본다면 단순현재 시제를 쓸 수 있습니다.

진술	보통은 사실이지만 항상 그렇지만은 않은 내용 해석은 '~일 수 있다/~할 수 있다'
사실	사실 관계가 확인된 항상 그러한 내용

Being on a diet **can** be very hard.
다이어트를 하는 건 굉장히 힘든 일일 수 있어.

→ 다이어트가 모두에게 항상 힘든 건 아니지만 일반적으로 그럴 수 있는 내용이어서 can 사용.

Being on a diet **is** very hard.
다이어트를 하는 건 매우 힘든 일이야.

→ 다이어트가 모두에게 힘든 일이라는 걸 사실로 생각하기에 단순현재 시제(is) 사용.

Stress **can** actually help you make progress better.
스트레스는 사실 사람을 더 발전하게 만들 수 있다.

→ 스트레스가 늘 발전의 원동력은 아니지만 일반적으로 그럴 수 있다는 내용이어서 can 사용.

Stress **helps** you make progress better.
스트레스는 사람을 더 발전하게 만든다.

→ 스트레스가 사람을 발전하게 만든다는 사실을 굳게 믿고 있어서 단순현재 시제(helps)를 사용.

will & would

would 또한 많은 학습자들이 will의 과거형으로만 생각하는데, 그것은 would의 많고 많은 용법 중 하나만 이해하는 것입니다. 여기서는 will의 과거형으로 쓰이는 would뿐 만 아니라, would와 will의 차이점을 알아봅니다.

01 would가 will의 과거형으로 쓰일 때

과거의 will이 포함된 발언을 현재 다시 말할 때 would를 사용합니다.

I **will** be late for class.
(과거의 대화) 나 수업에 늦을 것 같아.

→ I said I **would** be late for class.
(이 말을 현재 다시 말할 때) 내가 수업에 늦을 것 같다고 했잖아.

I **will** do it.
(과거의 대화) 내가 할게.

→ You said you **would** do it.
(이 말을 현재 다시 말할 때) 네가 그거 한다고 말했잖아.

02 will과 would의 차이점

미래 일의 실현 가능성에 대한 would와 will

이때의 would와 will의 차이점은 다음과 같습니다.

would	실현 가능성이 낮거나 낮다고 생각하는 일
will	미래에 일어날 일이거나 일어날 실현 가능성이 높은 일

이 두 가지 차이의 핵심은, 상상이나 가정을 해 보는 일(would)인지, 미래에 일어날 일(will)인지를 구별하는 것입니다.

I **would** drive you home if I were free.

내가 시간이 있으면 널 차로 집에 데려다 줄 텐데.

→ 지금 상대방을 차로 집에 데려다 줄 수 없는 상황입니다. 하지만 would를 써서 (바쁘지 않으면) 데려다 줄 텐데라고 가정하여 실현 가능성이 낮은 상황임을 상대방에게 말합니다.

I **will** drive you home.

내가 너 차로 집에 데려다 줄게.

→ will을 통해 제안 혹은 약속을 하는 상황입니다. 즉, 상대에게 집에 데려다 준다는 약속, 혹은 순간적인 결정에 의해 상대방을 집에 데려다 주겠다고 말하는 상황이죠.

상대방에게 요청하는 would와 will

would	좀 더 격식을 차린 요청과 허가
will	격식이 없다기보다는 좀 더 편한 상대에게 하는 요청

Would you be quiet, please?

조용히 좀 해주시겠어요? (격식)

Will you be quiet, please?

조용히 좀 해 줄래요? (편하게)

🔍 다르게 읽어 보기

다음 조동사를 보며 화자의 의도를 이해해 보세요.

대화 1: 쇼핑 계획을 잡는 중

A: Do you have time for shopping tomorrow? I have so many things to buy, and I believe I **can** buy them all at the same store.

B: Yeah sure. I **should** buy some gifts for my friend, too. She's invited me to dinner tomorrow. It **must** be so good because she's a chef.

A: That sounds great! I think we **should** go around 12:30 because it **might** take some time to buy all the stuff.

B: Okay, **would** you remind me of this tomorrow morning?

A: Sure! I **will**.

A: 내일 너 쇼핑할 시간 있어? 살 게 무척 많은데, 같은 가게에서 다 살 수 있을 것 같아.
B: 그럼. 나도 친구 선물을 좀 사야 해. 친구가 내일 저녁 식사에 초대했거든. 친구가 요리사라 음식이 엄청 맛있을 거야.
A: 좋겠다! 우리 한 12시 30분쯤엔 가야 할 것 같아. 사야 할 거 전부 다 사는 데 시간이 좀 걸릴 것 같거든.
B: 알았어. 내일 오전에 나한테 다시 알려 줄래?
A: 물론이지! 그렇게.

대화에서 조동사는 다음과 같은 화자의 의도를 나타냅니다.

I believe I can buy them all at the same store.
→ 일반적인 진술(내 경험상)로 쓰인 can입니다.

I should buy some gifts for my friend, too.
→ 저녁 식사에 초대를 받았으니 친구 선물을 사는 게 좋겠다는 의견을 말합니다.

It must be so good because she's a chef.
→ 친구가 요리사이므로 음식이 맛있을 게 틀림없다는 강한 추측입니다.

I think we should go around 12:30
→ 뒤에 나오는 이유 때문에 자신의 의견을 제시합니다.

it might take some time to buy all the stuff.
→ 모든 물건을 사려면 시간이 걸릴 수도 있다는 약한 추측입니다.

would you remind me of this tomorrow morning?
→ 친구 사이이지만 격식을 갖춰서 말하는 상황입니다.

I will. → 상대방에게 알려 주겠다고 약속하는 상황입니다.

대화 2: 식당

A: I love this place! You must try the shrimp pasta here. You might feel it's a bit expensive, but it's worth trying.

B: I'm allergic to shrimp.

A: Are you? You can't be allergic to shrimp! You ate tons of lobsters at Mindy's house yesterday.

B: That's not how 'allergic' works. I am allergic very specifically to shrimp.

A: Okay then, what would you eat, Mr. Picky?

A: 나 여기 너무 좋아! 너 여기 새우 파스타 꼭 먹어 봐야 해. 좀 비싸다고 생각할 수 있는데, 진짜 먹어 볼 만해.
B: 나 새우 알레르기 있어.
A: 진짜? 새우 알레르기가 있을 리가 없는데! 너 어제 Mindy 집에서는 바닷가재 엄청 먹었잖아.
B: 알레르기는 그런 식으로 되는 게 아니야. 난 새우에만 특정하게 알레르기가 있어.
A: 그래. 그럼, 뭘 드시겠습니까, 까탈 씨?

대화에서 조동사는 다음과 같은 화자의 의도를 나타냅니다.

You must try the shrimp pasta here.
→ 친구에게 안 먹으면 안 될 것처럼 새우 파스타를 강력히 추천합니다.

You might feel it's a bit expensive
→ 친구가 비싸게 느낄 수도 있다는 약한 추측을 전합니다.

You can't be allergic to shrimp!
→ 친구가 어제 바닷가재를 엄청 먹은 것을 알기 때문에, 새우에 알레르기가 있을 리 없다는 강한 확신을 말합니다.

what would you eat, Mr. picky?
→ 까탈스러운 친구에게 일부러 조롱하듯 예의를 갖춰 묻는 표현입니다.

CHAPTER 4 의도의 초점에 맞춰 쓰는 수동태

행동에 초점을 맞춘 것이 수동태

한국식 영문법에서 접근법이 잘못된 대표적인 문법 중 하나가 바로 수동태입니다. 오직 'be동사 + p.p.'만을 강조하고, '능동태 → 수동태' 혹은 '수동태 → 능동태' 같은 문장 전환에만 집중하죠. 그래서 많은 학습자들이 수동태의 형식은 알지만, 수동태를 어떤 상황에서 왜 쓰는지는 정확히 모릅니다. 이 장에서는 수동태를 쓰는 그 이유를 집중적으로 다루고자 합니다. 수동태를 본격적으로 설명하기 전에, 먼저 이해해야 할 개념이 있는데, 바로 Doer와 Action입니다.

Doer	문장에서 어떤 행동을 하는 사람
Action	문장에서 이루어지는 행동이나 일

The gardener waters the flowers every day.
정원사는 매일 꽃에 물을 준다. (Doer: the gardener   Action: waters the flowers)

A postman delivers mails every morning.
우체부는 매일 아침 우편물을 배달한다. (Doer: A postman   Action: delivers mails)

이렇듯, Doer는 '어떤 행동을 하는 사람(능동태 문장에서는 주어)'이고, Action은 '그 행동(능동태 문장에서 동사구)'을 의미합니다. 능동태는 이런 Doer에 화자의 의도와 초점이 있는 문장입니다. 즉, 꽃에 매일 물 주는 사람이 다름 아닌 그 정원사라는 것을 강조하는 것이고, 매일 아침 우편물을 배달하는 사람이 바로 우체부라는 것을 강조하고자 쓴 문장이 바로 위의 능동태 문장입니다.

반대로 수동태는 행위를 하는 Doer가 아니라 Action을 강조하고자 쓴 문장입니다. 이것이 수동태에서 알아야 할 필수 요소입니다.

능동태와 수동태는 방법의 차이가 아니라 전달하고자 하는 문장의 의도 차이(Doer-Action)라는 것을 명심하고 이제 본격적으로 수동태를 공부해 봅시다.

수동태를 쓰는 이유

문장에서 수동태를 쓰는 가장 근본적인 이유는 능동태와 달리 그 문장을 말하는 사람의 의도와 초점이 Doer가 아닌 Action에 있기 때문입니다. 그래서 수동태 문장에는 Doer(= by + 명사)가 명시되지 않는 경우가 많습니다. 그럼, 왜 영어를 말하고 쓰는 사람이 Action에 의도와 초점을 두는지, 그 이유들을 알아봅니다.

01 문장에서 Doer가 중요하지 않아서

English **is spoken** in Canada.
캐나다에서는 영어가 쓰인다.

→ 이 문장의 의도는 '캐나다에서는 영어가 쓰인다'라는 Action을 전달하는 것입니다. 이 문장을 쓴 사람에게는 누가 영어를 쓰는지, 즉 Doer는 중요하지 않기 때문입니다.

The door **is** always **locked** at 10 p.m.
문은 오후 10시에 항상 잠긴다.

→ 이 문장의 의도는 '문이 항상 오후 10시에 잠긴다'라는 Action을 전달하는 것입니다. 그 문을 잠그는 사람인 Doer가 누구이든 문장의 의도와 전혀 상관이 없으므로 명시되어 있지 않습니다.

The book *Harry Porter* **is** still **read** by thousands of children all around the world.
〈해리 포터〉 책은 여전히 전 세계 많은 아이들에게 읽힌다.

→ 이 문장의 초점은 '〈해리 포터〉가 여전히 읽힌다'라는 Action을 전달하는 데 있습니다. 이 초점을 기준으로 보았을 때, 수천 명의 아이들이라는 Doer는 그 Action보다 중요성이 떨어지기 때문에 능동태가 아닌 수동태 문장으로 전달합니다.

02 전하려는 문장에서 Doer를 몰라서

Doer를 모르거나 Doer가 중요하지 않은 상황

Your phone **was manufactured** in 2019.

당신의 휴대폰은 2019년에 제조되었다.

→ 이 문장의 초점은 '네가 쓰고 있는 휴대폰이 2019년도에 제조되었다'라는 Action을 전달하는 것이며, 누가 그 휴대폰을 생산했는지(Doer)는 알 수도 없고, 중요하지도 않기 때문에 수동태로 씁니다.

More than 2,000 laptops **were sold** only in April.

4월 한 달에만 2천 대 이상의 노트북이 팔렸다.

→ 문장의 초점은 '4월에만 2천 대가 넘는 노트북이 팔렸다'라는 4월에 일어난 일(Action)을 전달하는 데 있습니다. 그 노트북을 누가 샀는지(Doer)는 알 수도 없고 중요하지도 않으므로 수동태로 씁니다.

More than 2,000 laptops **were sold** only in April by Jake.

4월에만 2천 대 넘는 노트북이 제이크에게 팔렸다. **(Action이 Doer보다 의도상 중요)**

→ 수동태 문장 뒤에 by Jake를 붙일 수도 있지만, 노트북이 2천 대 넘게 팔린 것(Action)이 구매자가 Jake라는 사실(Doer)보다 더 중요하다는 의미입니다.

My motorcycle **was stolen**.

내 오토바이가 도난당했어요.

→ 이 문장의 초점은 '내 오토바이가 도난당했다'라는 Action 전달이며, 누가 내 오토바이를 훔쳤는지(Doer)는 알 수 없고 중요하지도 않기 때문에 수동태로 씁니다.

03 문장에서 Doer가 너무 뻔하거나 명확해서

My parcel **is being delivered.**

내 택배가 지금 배달되고 있다.

→ 이 문장에서는 '내 택배는 지금 배달 중'(Action)이라는 것이 초점이고, 그 택배를 배달하는 Doer는 당연히 배달기사입니다. 즉, Doer가 너무 명확하기 때문에 수동태를 씁니다.

Your coffee **is being made** now.

커피가 지금 만들어지고 있다.

→ 이 문장에서는 '네가 마실 커피가 만들어지고 있다'는 것이 초점이고, 그 커피를 만드는 Doer는 당연히 바리스타나 가게 직원일 것입니다. Doer가 너무 명확하기 때문에 수동태를 씁니다.

The interview **will be held** in English.

인터뷰는 영어로 진행될 것이다.

→ 이 문장에서는 '인터뷰는 영어로 진행될 것이다'라는 것이 초점이고, 그 인터뷰를 하는 Doer는 당연히 인터뷰 대상자이므로, Doer가 너무 명확하기 때문에 수동태를 씁니다.

04 능동태를 쓸 때 vs. 수동태를 쓸 때

어떤 맥락에서는 말하고자 하는 문장의 초점과 의도에 따라 Doer가 중요할 때도 있고 Action이 중요할 때도 있습니다. 따라서, Doer가 문장의 초점이 될 때는 능동태로, Action이 문장의 초점이 될 때는 수동태로 나타냅니다.

능동태 vs. 수동태

Toby will make an important speech tonight.

Toby가 오늘 밤에 중요한 연설을 할 거야.

Doer: Toby

Action: will make an important speech tonight

→ 능동태인 이 문장은 오늘 밤 중요한 연설이 있다는 정보 전달이 아니라, 다름아닌 Toby(Doer)가 연설을 한다는 것에 초점이 있습니다.

An important speech will be made tonight.

오늘 밤 중요한 연설이 있을 거야.

Doer: 모르거나 중요하지 않음.

Action: An important speech will be made tonight.

→ 수동태인 이 문장은 누가 발표하는지(Doer)를 전달하는 것이 아닌, '오늘 밤 중대한 연설이 있다'라는 앞으로 벌어질 Action 전달에 초점이 있습니다.

The best watchmaker, Mr. Lee, designed this watch to honor the president.

시계 명인인 Lee 씨가 대통령을 기리기 위해 이 시계를 디자인했다.

→ 초점 및 의도: 다른 사람이 아니라 바로 '시계 명인인 Mr. Lee가 이 시계를 디자인했다'라는 Doer에 강조를 둔 문장입니다.

This watch was designed to honor the president.

이 시계는 대통령을 기리기 위해 디자인되었다.

→ 초점 및 의도: 시계를 디자인한 Doer보다 '시계가 대통령을 기리기 위해 디자인되었다'는 일어난 일(Action) 전달에 초점을 둔 문장입니다.

다음 두 문장을 비교해 보세요.

1. *Mona Lisa* was painted around 1503 (by Da Vinci).

〈모나리자〉는 1503년경 다빈치에 의해 그려졌다.

2. Leonardo Da Vinci painted *Mona Lisa* around 1503.

레오나르도 다빈치는 1503년경 〈모나리자〉를 그렸다.

여러분이 박물관 큐레이터라고 가정해 봅시다. 〈모나리자〉 작품을 설명할 때와 화가 다빈치를 소개할 때, 각각 어떤 문장과 어떤 태(능동태, 수동태)를 많이 사용할까요?

〈모나리자〉 작품에 대한 설명에서는 수동태를 훨씬 더 많이 사용할 것입니다. 그 이유는 '작품'이란 어떤 사람이 만들어 낸 것(Action)이기 때문에, 그 행위를 전달하는 것이 발화의 의도이기 때문입니다. 모나리자 작품 설명을 예로 들면 다음과 같습니다.

〈모나리자〉 작품 위주의 설명

> *Mona Lisa* **was painted** around 1503. It **is considered** to be the masterpiece of the era. It **is** now **covered** with hard-glass frame and placed in Musée du Louvre.
>
> 〈모나리자〉는 1503년경 그려졌다. 이 작품은 그 당시의 걸작이라고 여겨진다. 〈모나리자〉는 현재 강화 유리 액자로 덮여 루브르 박물관에 전시되어 있다.

반면, 다빈치에 대한 설명에서는 능동태를 훨씬 더 많이 사용할 것입니다. '인물'에 초점을 둔다는 것은 어떤 일을 하는 Doer에 초점을 둔다는 뜻이기 때문입니다.

다빈치 위주의 설명

> Da Vinci **painted** *Mona Lisa* around 1503. He **had** many jobs including an artist, engineer, mathematician, and scientist. He also **worked** in many cities such as Rome and Florence.
>
> 다빈치는 1503년경 〈모나리자〉를 그렸다. 그는 예술가, 공학자, 수학자, 과학자를 포함한 많은 직업이 있었다. 그는 또 로마와 피렌체 같은 많은 도시에서 일을 하기도 했다.

이와 같이 말하는 사람이 문장의 의도와 초점을 어디에 둘 것인가에 따라 같은 것을 수동태로 나타낼 수도, 능동태로 나타낼 수도 있습니다.

UNIT 2

다양한 시제와 결합한 수동태

수동태는 시제와 뗄 수 없는 관계이고, 'be동사 + p.p.'에서 be동사의 형태가 바뀌면서 다양한 시제를 나타냅니다. 여기서는 회화와 문장에서 가장 많이 쓰이는 수동태 시제와 그 의미를 알아봅니다.

01 단순현재 수동태: am/are/is + p.p.

단순현재	사실과 반복적인 일을 전달
단순현재 수동태	현재 사실로 여겨지거나 반복적으로 일어나는 Action 전달에 의도가 있는 시제

Our office **is cleaned** every day, so you don't have to clean it.
우리 사무실은 매일 청소되기 때문에 여러분들은 사무실 청소를 하지 않아도 된다.

→ 매일 청소된다는 Action 전달이 의도이므로 단순현재 수동태로 표현합니다.

In this store, sandwiches **are made** freshly every morning.
이 가게에서는 샌드위치가 매일 아침 신선하게 만들어진다.

→ 매일 아침 샌드위치가 신선하게 만들어진다는 Action 전달이 의도이므로 수동태로 표현합니다.

Dictionaries **are used** to find definitions of words.
사전은 단어의 정의를 찾기 위해 활용된다.

→ 사전이 단어의 정의를 찾는 데 쓰인다는 사실(Fact)에 해당하고, 사전이 사용되는 이유(Action)를 전달하는 것이 의도이므로 수동태로 표현합니다.

Some animal species **are** only **found** in islands.
몇몇 종의 동물은 오직 섬에서만 발견된다.

→ 몇몇 종의 동물이 섬에서만 발견된다는 것은 맥락상 밝혀진 사실(Fact)에 해당하고, 누가 그 동물들을 발견하는지(Doer)는 중요하지 않습니다. 동물들이 발견된다는 일(Action)을 전달하는 것이 의도이므로 수동태로 표현합니다.

02 현재진행 수동태
: be동사(am/are/is) + being + p.p.

현재진행형	현재 이 순간에 일어나고 있는 일, 혹은 일정 기간 동안 진행되고 있는 일, 혹은 가까운 미래에 일어날 계획된 일을 전달
현재진행 수동태	현재 혹은 일정 기간 일어나는 일, 미래에 일어날 일을 전달하며 누가 (Doer)가 아니라 어떤 일(Action)이 일어나는지가 더 중요한 시제

Your bus **is being delayed**.

(네가 탈) 버스가 연착되고 있다.

Your food **is being cooked**.

(당신의) 음식이 요리되고 있다.

→ 각 문장은 말하는 순간 일어나고 있는 일이고, 행위의 주체(Doer)보다 버스가 지연되고 있다는 것 (Action)과 음식이 요리되는 중(Action)이라는 정보 전달이 화자의 의도이므로 수동태를 씁니다.

People **are being monitored** everywhere these days.

사람들은 요즘 어디서든 감시당하고 있다.

→ 사람들이 감시를 당하는 건 '요즘'의 기간 동안 이루어지는 일이어서 현재진행형을 씁니다. 또 문장의 의도가 누군가가 감시를 받고 있다는 일(Action)을 전달하는 것이므로 수동태를 씁니다.

Too many trees **are being cut down** in Amazon.

아마존에서 너무 많은 나무들이 잘려 나가고 있다.

→ 나무들이 잘려 나가고 있는 것은 일정 기간 동안 진행 중인 일이어서 현재진행형을 씁니다. 나무가 잘려 나가고 있다는 Action을 전달하는 것이 의도이므로 수동태로 표현합니다.

03 단순과거 수동태: was/were + p.p.

단순과거	과거에 끝난 일
단순과거 수동태	과거에 이미 끝난 일이자 누가(Doer) 그 일을 한 것이 중요한 게 아니라 어떤 일(Action)이 일어났는지가 더 중요한 시제

This building **was built** in 1910.

이 건물은 1910년에 지어졌다.

The boy **was taught** everything in the jungle.

그 소년은 정글에서 모든 것을 깨우쳤다.

Michael Jackson **was loved and praised** as the king of pop music.

마이클 잭슨은 팝의 왕으로 사랑받고 칭송 받았다.

No comments **were written** for my post.

내 게시글에는 어떠한 댓글도 달리지 않았다.

→ 각 문장은 모두 과거에 일어나 끝난 일이고, 해당 행위를 한 주체(Doer)보다는 그 행위 자체 (Action)를 전달하는 것이 화자의 의도이므로 단순과거 수동태를 씁니다.

04 과거진행 수동태: was/were + being + p.p.

과거진행형	과거 특정 시점을 기준으로 앞뒤로 일어나고 있었던 일
과거진행 수동태	과거 특정 시점을 기준으로 앞뒤에 일어나고 있던 일을 전달하며, 어떤 일 (Action)이 일어나고 있었는지가 더 중요한 시제

It seemed like my friend **was being bullied**.

내 친구가 괴롭힘을 당하고 있는 것 같았다.

My car **was** still **being fixed** when I arrived at the auto shop.

내가 정비소에 도착했을 때 내 차는 아직도 수리되는 중이었다.

When I ended my phone call, the dinner **was being served** on the table.

내가 전화를 끊었을 때, 저녁 식사가 식탁에 차려지고 있었다.

When I got into my regular café, my coffee **was** already **being made**.

내가 단골 카페에 들어갔을 때, 내 커피가 이미 만들어지고 있었다.

→ 각 문장은 밑줄 친 과거 특정 시점을 기준으로 어떤 일이 벌어지고 있었고, 그 벌어진 일(Action) 을 전달하는 것이 화자의 의도이므로 과거진행 수동태를 씁니다.

05   미래 수동태: will + be + p.p. & am/are/is going to + be + p.p.

미래 시제 will	미래에 일어날 일에 대한 예측, 약속, 다짐을 나타내는 시제
be동사 going to	미리 정해진 계획을 미래에 할 것이라는 의도를 나타내는 시제
미래 수동태	미래에 일어날 일에 대한 예측, 약속, 다짐뿐 아니라 정해진 계획이 일어날 것이라는 의도를 가지며, 누가(Doer) 그 일을 할 것인지가 아닌 일어날 일 (Action)에 의도를 둔 시제

Your phone **will be** perfectly **fixed** by then. I promise.
그쯤에는 휴대폰이 완벽히 수리되어 있을 거예요. 약속해요.

→ 미래에 일어날 일에 대한 약속이고, 휴대폰을 고치는 사람(Doer)이 중요한 게 아닌, 휴대폰이 수리되어 있을 것(Action)을 전달하는 것이 의도이므로 미래 수동태를 씁니다.

The plans **will** all **be confirmed** tomorrow.
계획들은 내일 모두 최종 승인될 것이다.

→ 미래에 일어날 일에 대한 예상 및 전망을 전달하는 문장이고, 최종 승인을 하는 사람(Doer)이 아니라 승인될 것(Action)을 전달하는 것이 의도이므로 미래 수동태를 씁니다.

The rock festival **is going to be held** on 7 October.
록 페스티벌은 10월 7일에 열릴 예정이다.

The Park's new movie **is going to be released** next month.
박 감독의 새 영화가 다음 달에 개봉될 것이다.

→ 미리 계획된 미래의 일을 전달하기에 be going to를 쓰고, 누가(Doer) 그 행동을 할 것이 아니라 어떤 일(Action)이 행해질 것인가를 전달하는 것이 의도이므로 미래 수동태를 씁니다.

06 현재완료 수동태: have/has + been + p.p.

현재완료	과거의 경험을 전달하거나, 과거에서 지금까지 사실인 것(was true and still is true)을 말하는 시제
현재완료 수동태	과거의 경험 전달 혹은 과거에서 지금까지 사실인 것을 전달하며, 일어난 일(Action)을 전달하는 것이 의도인 시제

The staff **have** already **been trained**.

관계자들은 이미 교육을 받은 상태이다.

→ 과거 어느 시점에 관계자들이 교육을 받았고, 현재도 교육이 된 상태임을 말해 주며, 관계자들이 교육받았다는 일(Action)을 전달하는 것이 의도이므로 현재완료 수동태를 씁니다.

He **has been taken** to the hospital.

그는 병원으로 이송되었다.

→ 과거 어느 시점에 병원으로 이송되었고, 현재도 병원에 있다는 것을 말해 주며, 병원에 이송되었다는 일(Action)을 전달하는 것이 의도이므로 현재완료 수동태를 씁니다.

Sara **has been promoted** three times in her career.

Sara는 이 일을 하는 동안 3번이나 승진했다.

→ 그녀가 일을 하는 동안 승진을 3번 해서 현재 위치에 있다는 것을 말해 주며, 누가(Doer) 그녀를 승진시켰는지 추정할 수 있고(그녀의 직장 상사), 그녀가 3번 승진했다는 것(Action)을 전달하는 것이 의도이므로 현재완료 수동태를 씁니다.

07 과거완료 수동태: had + been + p.p.

과거완료	과거 특정 시점을 기준으로 그보다 앞서 일어난 과거(대과거)의 경험을 전달하거나, 두 가지 과거 일의 순서를 명확하게 밝혀 주거나, 혹은 대과거에 있었던 일로 인해 특정 과거 시점의 일이 일어났음을 강조하고자 할 때 쓰는 시제
과거완료 수동태	과거 특정 시점에 영향을 주었던 대과거의 일에 대해 누가 그랬는지가 아닌 일어났던 일(Action)을 전달하는 것이 의도인 시제

The window **had** already **been broken** when I got here.

내가 여기 도착했을 때 창문은 이미 깨진 상태였다.

Most of the instructions **had been given** before I told them.

내가 그것들을 말하기 전에 대부분의 지시사항들은 전달된 상태였다.

Had the issue **been reported** to the police when the news announced it?

뉴스에서 그것을 발표했을 때 그 이슈가 이미 경찰에게 보고가 되었나요?

→ 각 문장은 밑줄 친 과거 특정 시점을 기준으로 앞서 일어난 일을 명확히 하기 위해 과거완료 시제를 썼습니다. 누가(Doer) 그랬는지는 중요하지 않거나 알 수 없어서 과거완료 수동태를 씁니다.

P L U S

수동태일 때의 뜻을 알아두면 좋은 능동태 동사

능동태로 쓰일 때는 문제없는데 수동태로 쓰이면 어떻게 해석해야 할지 잘 모르겠는 어색한 동사가 있습니다. 다음과 같이 수동태일 때의 뜻을 알아두세요.

▶ **give: 주다 → be given: 받다**

The interviewees **will be given** a written form of questions they might get.

인터뷰 대상자들은 그들이 받을 수도 있는 질문이 적힌 용지를 받을 것이다.

▶ **find: 찾다 → be found: 발견되다**

A new deep-sea creature, Blood-red jellyfish, **is found** 700m depth.

새로운 심해 생명인 '붉은 피 해파리'는 700m 깊이에서 발견된다.

▶ **tell: 말하다 → be told: 듣다**

I **was told** to come here to meet Mr. Kim.

저는 여기 와서 Kim 선생님을 만나라고 들었어요.

🔍 다르게 읽어 보기

다음은 동일한 일을 능동태와 수동태로 서술하고 있습니다. 어떤 차이점이 있는지 생각해 보세요.

Passage A (능동태)

With so much research and effort, Team Discovery has finally unearthed the treasure of the Inca civilization. It took them more than a decade only to decide where they had to dig and which tools they had to use. The team eventually decided the spot and utilized the most advanced digging techniques in order not to damage the treasure. Some archaeologists said that Team Discovery did not just dig up some kind of treasure, but a historical discovery that will allow better understanding of the Inca.

엄청난 연구와 노력으로, Team Discovery는 마침내 잉카 문명의 보물을 발굴해 냈다. 그들이 어디를 발굴할지 그리고 어떤 도구를 사용해야 할지 결정하는 데만 10년 넘게 걸렸다. 팀은 마침내 발굴 장소를 결정했고, 보물에 어떠한 상처도 내지 않게 최첨단 발굴 기술을 활용했다. 몇몇 고고학자들은 Team Discovery는 단순히 어떤 보물을 발굴해 낸 것이 아닌, 잉카 문명을 더 잘 이해할 수 있게 할 역사적 발견을 해 낸 것이라고 말했다.

Passage B (수동태)

The treasure of the Inca civilization has been finally unearthed after so much research and effort. Decisions of where to dig and which tools to use were made carefully over a decade. Eventually, the digging spot was confirmed and the most advanced digging techniques were utilized in order not to damage the treasure. Some archaeologists said that the treasure that was found is not just some kind of treasure, but a historical discovery that will allow better understanding of the Inca.

엄청난 연구와 노력 끝에, 잉카 문명의 보물이 드디어 발굴되었다. 어디를 발굴해야 할지, 그리고 어떤 도구를 써야 할지에 관한 결정이 10년에 걸쳐 신중하게 내려졌다. 마침내 발굴 장소가 확정되었고 보물에 어떠한 상처도 내지 않게 최첨단 발굴 기술이 활용되었다. 몇몇 고고학자들은 발굴된 보물은 단순한 보물이 아닌, 잉카 문명을 더 잘 이해할 수 있게 할 역사적 발견이라고 말했다.

Passage A는 Doer인 Team Discovery가 잉카 문명의 보물을 발견했고, 그 과정에서 그들이 했던 여러 노력들과 고민에 초점을 둡니다. 마지막 문장 또한 고고학자들이 보물을 발견해 낸 팀에 고마움을 전달하고 있으므로 능동태로 쓰인 것이죠.

Passage B는 Action에 초점을 두어 보물이 발굴되기까지의 과정에서 아주 많은 노력과 고민이 있었음을 보여 줍니다. 마지막 문장 또한 고고학자들은 누가 그것을 발굴했는지보다 발굴된 것 자체가 주는 의미를 전달하므로 수동태로 쓰인 것입니다.

CHAPTER 5 활용도 갑, 팔방미인 to부정사

to부정사는 'to + 동사원형'으로 동사가 들어 있지만 문장에서 동사가 아닌 다른 품사의 역할을 하는 문법 사항을 지칭하는 용어입니다. 한국식 영문법 책에서 큰 비중으로 다루는 부분이기도 하죠. 그런데 이 to부정사라는 문법이 존재하는 근본적인 이유는 무엇일까요?

첫째, 발화의 경제성

발화의 경제성이란 최소한의 발화로 최대한의 의미를 전달하는 것을 말합니다. 즉, 짧고 간결하게 말하되 의도는 충분히 전달하는 것인데, to부정사에 이런 경제성이 있습니다. 다음 두 문장을 비교해 보면서 어떤 문장에 더 경제성이 있는지 살펴보세요.

1. I need someone **and I want to talk to that someone about my life.**
   나는 누군가가 필요하고 그 누군가와 내 인생에 대해 말하고 싶어.

2. I need someone **to talk to about my life.**
   나는 내 인생에 대해 말할 누군가가 필요해.

두 문장 다 '내 인생에 대해 말할 누군가가 필요하다'라는 발화입니다. 문장 1에서는 someone을 설명할 때 문장을 사용한 반면, 문장 2에서는 to부정사(to talk to)를 통해 간결하게 설명합니다.

3. I came here. **I had the purpose of seeing Mr. James.**
   저는 여기 왔습니다. James 씨를 만나려는 목적이 있었죠.

4. I came here **to see Mr. James.**
   James 씨를 만나려고 여기 왔습니다.

모두 James 씨를 만나러 이곳에 왔음을 전하는 발화입니다. 어떤 행동의 목적을 말할 때도, 간단히 'to부정사'로 경제적으로 전달할 수 있습니다.

둘째, 높은 문법적 활용도

to부정사는 문장을 구성하는 요소인 주어, 목적어, 보어의 역할(명사)뿐 아니라 특정 명사를 꾸미는 역할(형용사)도 가능하며, 때에 따라 동사, 형용사, 문장 전체를 꾸미는 역할(부사)도 가능합니다. 영문법에서 하나의 형태로 이렇게 많은 역할을 할 수 있는 것은 to부정사 외에는 없습니다. 이렇게 높은 활용도 때문에 to부정사를 마스터하기가 쉽지 않은 것도 사실이죠. 이제 본격적으로 to부정사를 시작합니다.

UNIT 1 — to부정사의 명사적 용법

to부정사가 명사 자리(동사 앞, 동사 뒤)에 있고, '~하는 것'이라고 이해될 때는 명사적 용법으로 쓰인 것입니다. 참고로 to부정사는 전치사 뒤에는 오지 않습니다.

| 명사적 용법 | 'to + 동사원형'이 동사 앞, 동사 뒤에 위치한다. |
| | '~하는 것'이라고 해석한다. |

01 동사 앞 자리(주어)에 놓인 to부정사

사실 to부정사가 동사 앞 주어 자리에 오는 경우가 실용 영어에서는 흔하지 않고, 보통 'It … to부정사' 구조로 쓰는 것이 대부분입니다. 한국식 문법에서는 'to부정사가 주어로 쓰일 때 앞 부분이 너무 길어서 가주어 it을 쓰고 진주어는 뒤로 보낸다'고 설명합니다.

그렇다면 'to부정사를 주어로 쓰는 것이 실용적인 관점에서 흔하지 않다'라는 말은 어떤 의미일까요? to부정사를 Everyday English(일상생활 영어)에서 주어로 활용할 때는 It … to ~ 구조를 쓰지만, 추상적이거나 철학적인 것, 혹은 무언가를 간절히 바라는 희망사항을 말할 때는 to부정사를 주어 자리에 놓기도 한다는 뜻입니다.

It will be nice **to work for this company.**

이 회사에서 일하면 좋겠다.

→ 단순히 개인의 의견 정도를 나타내는 말입니다.

To work for this company would be very nice.

이 회사에서 일하는 것은 정말 좋을 것 같아.

→ 개인이 간절히 바라는 희망사항에 가까운 말이어서 to부정사를 주어로 쓸 수 있습니다.

02 동사 뒤 자리(목적어)에 놓인 to부정사

목적어 자리인 동사 뒤에 to부정사가 쓰이면 목적어로 쓰인 to부정사입니다. 주의할 점은 아무 동사나 to부정사를 목적어 자리에 둘 수는 없고, to부정사를 목적어 자리에 둘 수 있는 동사는 정해져 있습니다.

> **to부정사를 목적어로 쓸 수 있는 동사들**
>
> want(원하다), intend(의도하다), decide(결정하다), plan(계획하다), agree(동의하다), afford(돈, 시간적인 여유가 있다) 등

My dad wanted **to be** an engineer, but he had to give it up for us.
아버지는 엔지니어가 되길 원하셨지만, 우리를 위해 그걸 포기해야만 했다.

I didn't intend **to hurt** him.
나는 그를 다치게 할 의도는 없었다.

I decided **to live** as me.
나는 나로 살기로 결심했다.

We are planning **to buy** a house near our workplace.
우리는 직장 근처에 집을 사려고 계획 중이다.

In the end, both sides agreed **to stop** the campaign.
마침내 양측은 캠페인을 멈추기로 동의했다.

At that time, we couldn't afford **to have** a baby.
그때 우리는 아이를 가질 여유가 없었다.

03 동사 뒤 자리(보어)에 놓인 to부정사

동사 뒤에 to부정사가 쓰이고 '주어 = to부정사'인 관계 혹은 '주어는 to부정사인 상태다'의 관계이면, 보어로 쓰인 to부정사입니다. 보통 to부정사를 보어로 쓰는 동사는 'be동사'입니다.

What's important is **to stay productive every day**. What's essential is **to put yourself in the everyday routine** no matter how tired you are.

중요한 것은 매일 생산적으로 사는 것이다. 필수적인 것은 아무리 피곤하더라도 매일의 루틴 속으로 자신을 두는 것이다.

→ '주어(중요한 것) = to부정사(매일 생산적으로 사는 것)', '주어(필수적인 것) = to부정사(매일의 루틴 속으로 자신을 두는 것)'

04 의문사 + to부정사

to부정사는 의문사(what, when, where, who, how)와 함께 어울려 명사 자리 (동사 앞, 동사 뒤, 전치사 뒤)에 쓰일 수 있으며, 주로 동사 뒤에 오는 경우가 많습니다. 참고로 why는 to부정사와 함께 쓰이지 않습니다.

what + to부정사: 무엇을 ~할지

We should plan **what to do** in Rome.
우리 로마에서 뭘 할지 계획을 짜야 해. **(동사 plan의 목적어 자리)**

There are too many options! I don't know **what to choose**.
선택지가 너무 많아! 뭘 선택해야 할지 모르겠어. **(동사 know의 목적어 자리)**

when + to부정사: 언제 ~할지

Could you tell us **when to use** 'comma' in a sentence?
문장에서 '콤마'를 언제 써야 할지 말씀해 주시겠어요? **(동사 tell의 목적어 자리)**

We will let you know **when to pick up** your food.
언제 음식 가지러 오면 되는지 알려 드릴게요. **(동사 know의 목적어 자리)**

where + to부정사: 어디서 ~할지, ~할 장소

Tell me **where to meet** and I'll take a taxi.
어디서 만날지 말해 주면 내가 택시 탈게. (동사 tell의 목적어 자리)

Here is the list of **where to visit** in Korea.
여기 한국에서 방문해야 할 곳을 적은 리스트야. (전치사 of의 목적어 자리)

who + to부정사: 누구를 ~할지

정확히 따지면 who가 아닌 'whom + to부정사'가 되어야 합니다. 'whom
+ to부정사'에서 whom은 의미상 to부정사의 목적어에 해당하기 때문입
니다. 그러나 실생활에서는 대부분 'who + to부정사'로 쓰입니다.

The contractor didn't specify **who(m) to talk to** about
salary negotiation.
계약 담당자는 연봉 협상에 대해서 누구와 이야기해야 하는지 구체적으로 명시하지 않았다.
(동사 specify의 목적어 자리)

The problem is that people don't know **who(m) to
consult** for mental illness.
문제는 사람들이 마음의 질병에 관해 누구와 상담을 해야 할지 모른다는 것이다.
(동사 know의 목적어 자리)

how + to부정사: 어떻게 ~할지, ~하는 방법

In this class, you will learn **how to pronounce** words in
English.
이번 수업에서는 영어 단어들을 어떻게 발음하는지 배울 것이다. (동사 learn의 목적어 자리)

I should google **how to get rid of** fruit flies.
초파리 없애는 방법을 검색해 봐야겠어. (동사 google의 목적어 자리)

to부정사의 형용사적 용법

형용사는 '명사를 수식하는 말'이고, to부정사가 바로 앞에 나온 명사를 수식할 때 형용사적 용법으로 쓰였다고 합니다. 여기서 '명사를 수식'한다는 것은 어떤 명사에 추가적인 정보를 주는 것으로 이해하면 됩니다.

형용사적 용법	'명사 + to부정사 ~'의 형태이다. to부정사가 앞에 있는 명사를 수식한다.

They gave him <u>an opportunity</u> **to escape**.
그들은 그에게 도망칠 기회를 주었다. (to escape가 명사 opportunity를 수식)

Turn off the TV! It's <u>time</u> **to sleep**.
TV 꺼! 잘 시간이야. (to sleep이 명사 time을 수식)

There is no <u>need</u> **to shout**.
소리 지를 필요는 없잖아요. (to shout이 명사 need를 수식)

01 전치사가 빠지면 안 되는 to부정사의 형용사적 용법

to부정사가 명사를 꾸밀 때, to부정사 뒤에 전치사를 꼭 써야 할 경우가 있습니다. 다음 문장을 보세요.

I need <u>someone</u> **to talk**.

We bought <u>a few toys</u> **to play**.

위의 문장은 문법상 모두 틀렸습니다. 그 이유는, to부정사에 쓰인 동사들이 다음 문장들처럼 일반적으로 전치사와 함께 쓰여야 하기 때문입니다.

We **talk to** someone.   우리는 누군가에게 말을 한다.

Kids **play with** a few toys.   아이들은 장난감을 가지고 논다.

따라서 앞서 주어진 문장들은 다음과 같이 바꿔야 합니다.

I need <u>someone</u> **to talk to.**   나는 말할 사람이 필요해.

We bought <u>a few toys</u> **to play with.**   우리는 가지고 놀 장난감을 몇 개 샀다.

to부정사 뒤에 전치사가 필요한지 아닌지, 필요하다면 어떤 전치사를 써야 하는지 모르는 경우에는 to부정사가 수식하는 명사를 to부정사 뒤로 보내 보면 알 수 있습니다.

<u>A chair</u> **to sit on** → **sit on** <u>a chair</u>   앉을 의자 → 의자에 앉다

<u>A plan</u> **to stick to** → **stick to** <u>a plan</u>   지킬 계획 → 계획을 지키다

<u>A good project</u> **to work on** → **work on** <u>a good project</u>
작업할 멋진 프로젝트 → 멋진 프로젝트를 작업하다

'명사 + to부정사'가 무조건 형용사적 용법은 아니다!

다음 문장을 보세요.

1. I always carry some books **to read.**
2. I was lying on my bed **to read a book.**
3. I tell my students **to read a book.**

각 문장은 모두 '명사 + to부정사'의 형태이지만, 여기서 형용사적 용법으로 쓰여 앞에 있는 명사를 꾸미는 to부정사는 문장 1뿐입니다.

1. 나는 항상 읽을 <u>책들을</u> 가지고 다닌다. (형용사적 용법)
2. 나는 <u>책을 읽으려고</u> 침대에 누워 있었다. (목적을 나타내는 부사적 용법)
3. 나는 학생들에게 <u>책을 읽으라고</u> 말한다. (동사 tell 뒤의 목적격 보어로 쓰인 용법)

to부정사의 부사적 용법

to부정사가 부사의 역할을 할 때 즉, 어떤 문장의 동사 혹은 형용사를 수식할 때 부사적 용법이라고 부릅니다.

> **부사적 용법** to부정사가 의미적으로 동사 혹은 형용사를 수식한다.

01 동사를 꾸미는 to부정사

'~하기 위해서' 동사하다

문장의 동사를 꾸미는 to부정사는 거의 대부분 '~하기 위해서'의 뜻입니다. 꾸밈을 받는 동사가 의도하는 행동의 목적을 설명하기 때문에 부사적 용법의 '목적'이라고 부릅니다.

He locked the window **to keep himself safe**.
그는 안전한 상태로 있기 위해 창문을 잠갔다. (**to부정사가 '창문을 잠근' 목적을 설명**)

We spoke quietly **not to wake our kids**.
아이들을 깨우지 않기 위해 우리는 조용히 얘기했다. (**to부정사가 '조용히 얘기한' 목적을 설명**)

in order (not) to + 동사원형 / so as (not) to + 동사원형

행동의 목적을 나타내는 to부정사는 다음과 같이 표현할 수도 있습니다.

My friend Tom had to leave our town **in order to[so as to] make a living**.
내 친구 Tom은 생계를 꾸리기 위해 우리 마을을 떠나야 했다.
(**to부정사가 '마을을 떠나야 했던' 목적을 설명**)

I've decided to get up early in the morning **in order not to[so as not to] procrastinate housework.**

집안 일을 미루지 않기 위해 나는 아침에 일찍 일어나기로 했다.

(to부정사가 '일찍 일어나기로 결심한' 목적을 설명)

P L U S

not to + 동사원형 VS. to not + 동사원형

to부정사의 부정형은 'not + to부정사'입니다. 그런데 영어를 듣거나 읽다 보면 다음과 같이 'to not + 동사원형'의 형태도 심심찮게 볼 수 있습니다.

I decided **not to do** anything today.
I decided **to not do** anything today.

차이점은 무엇일까요? 결론적으로 말해, 의미적인 차이는 없습니다. 다만, 그 발화의 초점이 어디에 있는지에 따라 다르게 씁니다.

▶ **not to + 동사원형 → 문장의 본동사에 초점**
I decided **not to do** anything today.

오늘 아무것도 안 하기로 결정했어.

→ 오늘 아무것도 하지 않을 거라고 '결심한 것'에 초점을 두고 전달하는 문장입니다.

▶ **to not + 동사원형 → to부정사의 행위를 더 강조**
I decided **to not do** anything today.

오늘 정말 아무것도 안 하기로 했어.

→ '오늘 아무것도 하지 않을 것'이라는 점을 강조하고 싶은 문장입니다.

실제 발화를 할 때도 'not to + 동사원형'의 not은 평이하게 하지만 'to not + 동사원형'의 not은 강조해서 강하게 말하는 편입니다.

02 형용사를 꾸미는 to부정사

형용사 + to부정사

형용사를 꾸미는 to부정사는 일반적으로 형용사 바로 뒤에 쓰입니다. 보통 'to부정사 해서 ~한'으로 해석하며, to부정사의 내용이 형용사 의미의 이유나 타당성을 말해 주는 경우가 대부분입니다. 한국식 영문법에선 '감정의 원인과 판단의 근거'라고 설명하지요.

I'm glad **to meet you here.**
여기서 만나게 되어 반갑습니다. (to부정사가 glad(반가운)의 이유를 설명)

I got speechless **to see her performance.**
나는 그녀의 공연을 보고 할 말을 잃었다. (to부정사가 speechless(할 말을 잃은)의 이유를 설명)

He was right **to complain about the food.**
그가 음식에 불만을 제기했던 것은 옳은 일이었다. (to부정사가 right(옳은)의 이유를 설명)

형용사를 꾸미는 대표적인 to부정사 표현 2가지

하나는 'too + 형용사 + to부정사', 다른 하나는 '형용사 + enough + to부정사'입니다. 한국식 문법책에서는 '부사적 용법'을 5~6가지로 나누는데, 이 2가지 표현만 제대로 이해하면 충분합니다.

too + 형용사 + to부정사
'to부정사 하기에 너무 형용사하다' 혹은 '너무 형용사해서 to부정사할 수 없다'의 뜻입니다.

The mountain was **too steep to climb**.

그 산은 오르기에 너무 가팔랐다. (= 너무 가파라서 오를 수가 없었다.)

She is **too clever to study** here. She needs to go to upper level.

그녀는 여기서 공부하기에는 너무 똑똑합니다. 더 높은 레벨로 가야 해요.

형용사 + enough + to부정사

'to부정사할 만큼 (충분히) 형용사하다'로, enough가 형용사 뒤에 오는 것에 주의하세요.

Our daughter is now **old enough to drive a car**.

우리 딸이 이제 운전해도 될 만큼 나이가 들었다.

I'm not **brave enough to travel alone in India**.

난 인도를 혼자 여행할 만큼 (충분히) 용감하지 못해.

enough는 명사로도 활용된다!

영어 학습에서 명심해야 할 것 중 하나는 한 단어에 한 가지 뜻만 있는 건 아니라는 것입니다. enough는 형용사로는 '충분한', 명사로는 '충분한 것'의 의미도 있습니다.

I had **enough** to eat. 나는 먹을 것이 충분했다.

→ 여기서 enough는 '충분한 어떤 것'이란 뜻의 명사로, 뒤의 to부정사(to eat)는 명사 enough(충분한 것)를 꾸며 주는 형용사적 용법입니다.

A: How much time do we have for the project? 그 프로젝트에 쓸 시간이 얼마나 있나요?

B: We have **enough** to overview it. 전체를 한 번 훑어보기에 충분한 시간이 있어요.

→ 여기서 enough는 '충분한 시간'을 의미하며, to부정사(to overview it)는 명사 enough(충분한 시간)를 꾸며 주는 형용사적 용법입니다.

특이한 to부정사, 'be동사 + to부정사'

일명 'be to용법'이라고도 하는 이 to부정사는 문법적으로 구분하기보다는 다음과 같은 상황에서 쓰이는 것으로 이해하면 좋습니다.

1. 공식적인 일정 및 계획

The Queen **is to stay in London** for the next two weeks.
여왕은 다음 2주간 런던에서 지낼 계획이다. (여왕의 공식적인 일정)

Our national team **is to play against Brazil** next month.
우리 국가대표팀은 다음 달 브라질과 경기할 예정이다. (국가대표팀의 공식 경기 일정)

One of our team members **was to get the contract**.
우리 팀 멤버 중 한 명이 계약을 땄다. (과거에 이루어진 공식적인 계획)

→ '~할 계획이었다'로 이해하면 이루어지지 않은 일로 되기 때문에 주의해야 합니다.

2. 공식적인 지시 사항, 명령, 금지

From now, all employees **are to put a name tag** on their clothes.
지금부터, 모든 직원은 옷에 명찰을 달아야 합니다. (회사의 공식적인 지시 사항)

No one **is to leave this room** without my permission.
누구도 내 허락 없이 이 방을 못 나갑니다. (모두에게 전달하는 공식적인 명령)

You **are not to use a pencil** for this test. You must use a blue pen.
이 시험은 연필을 사용해서는 안 됩니다. 파란색 펜을 사용해야 합니다. (시험의 공식적인 규정, 금지 사항)

3. 어떤 일이 일어나기 위한 전제조건을 전달하는 If절에 활용

If you are to get a higher grade, you should distinguish what's important from what's not.
네가 더 좋은 등급을 받고 싶다면, 중요한 것과 그렇지 않은 것을 잘 구별해야 해. (좋은 등급을 받기 위한 전제 조건의 if절)

If you are to write a good essay, learn how to organize a structure.
좋은 에세이를 쓰고 싶다면, 구조 짜는 법을 배우세요. (좋은 에세이를 쓰기 위한 전제 조건의 if절)

to부정사의 의미상 주어

to부정사는 동사를 포함하지만 실제 문장에서 동사로 쓰이지 않는 문법 사항입니다. 앞에서 언급했듯이 동사는 고집이 세서, to부정사 형태가 되어도 주어와 목적어를 가지고 시제도 나타내려고 합니다. 이렇게 to부정사가 가지는 주어를 '의미상 주어'라고 부릅니다. to부정사의 의미상 주어는 'for + 목적격 대명사/일반 명사'입니다. to부정사의 행위를 하는 주어'로 이해하면 됩니다.

주어가 동사 앞에 오듯 의미상 주어도 to부정사 앞에 위치

The questions were a little hard for 10-year-old kids **to answer**.
→ 그 질문은 열살 아이들이 대답하기에 약간 어려웠다.

주어와 동사가 '주어가 동사한다'의 관계이듯 '의미상 주어가 to부정사한다'의 관계

It is fatal for dogs **to eat chocolate**.
개들이 초콜릿을 먹는 것은 치명적이다.

It was difficult for us **to tell** what the problem was.
뭐가 문제인지 우리가 정확히 판단하는 게 어려웠다.

'of + 목적격 (대)명사'인 의미상 주어

to부정사의 의미상 주어에 for 대신 of를 쓰는 경우가 있습니다. 이때는 to부정사 앞에 '사람의 성격이나 성질'에 관한 형용사가 올 때입니다.

사람의 성격이나 성질에 관한 형용사

careful(조심스러운, 신중한), careless(신중하지 못한, 칠칠맞지 못한), kind(친절한), clever(똑똑한), wise(현명한), foolish(멍청한), stupid(바보 같은), nice(착한), polite(예의 바른), cruel(잔인한) 등

It's very kind of you **to say that**.
그렇게 말해 주다니 너 아주 착하구나.

It was stupid of me **to ask that question to Billy**.

그 질문을 Billy에게 하다니 나 참 바보 같았네.

It's careless of him **to have lost his phone again**.

휴대폰을 또 잃어버리다니 걔는 참 칠칠맞지가 못해.

01 to부정사의 의미상 주어가 제시되는 이유

명확한 의미를 전달하기 위해 의미상 주어가 꼭 필요한 경우가 있습니다.

It was a very laboring task **to conquer Greece**.

그리스를 정복하는 것은 굉장히 힘든 일이었다.

It was a very laboring task for Romans **to conquer Greece**.

로마인들이 그리스를 정복하는 것은 굉장히 힘든 일이었다.

→ 첫 번째 문장에서는 그리스를 정복하는 것이 힘든 일임은 알겠지만, 누가 힘들었는지 명확성이 다소 부족합니다. 따라서 to conquer Greece의 의미상 주어가 있어야 문장이 더 명확해집니다.

Coffee is known to prevent diabetes. However, it is very dangerous **to drink coffee**.

커피는 당뇨를 예방하는 것으로 알려져 있다. 하지만 커피를 마시는 것은 매우 위험하다.

Coffee is known to prevent diabetes. However, it is very dangerous for osteoporosis sufferers **to drink coffee**.

커피는 당뇨를 예방하는 것으로 알려져 있다. 하지만 골다공증 환자가 커피를 마시는 것은 매우 위험하다.

→ 첫 번째 문장은 의미상 주어가 없으면 앞뒤 문맥이 전혀 안 맞습니다. 앞에서는 커피가 당뇨를 예방한다는 좋은 효능을 말하다가, 뒤에서는 커피를 마시는 것이 매우 위험하다고 합니다. 따라서 to drink coffee의 의미상 주어를 명확하게 해야 해당 문장의 의도를 제대로 전할 수 있습니다.

문장을 보며 의미상 주어가 있을 때와 없을 때의 차이를 느껴 보세요.

My dad bought some books **to read yesterday**.

아빠는 어제 읽을 책을 몇 권 샀다. (책 구매자와 읽을 사람 모두 my dad)

My dad bought some books <u>for me</u> **to read yesterday**.

아빠는 어제 내가 읽을 책을 몇 권 샀다. (책 구매: my dad / 그 책을 읽을 사람: me)

It's against the law **not to wear a hijab in this country**.

이 나라에서 히잡을 안 쓰는 것은 불법이다. (특정 집단이 아닌 모두에게 해당)

It's against the law <u>for women</u> **not to wear a hijab in this country**.

이 나라에서 여성들이 히잡을 쓰지 않는 것은 불법이다. (모두가 아닌 여성들에게만 해당)

The program was too complicated **to use**.

그 프로그램은 사용하기에 너무 복잡했다. (일반적으로 사람들이 쓰기에 복잡했다는 것)

The program was too complicated <u>for beginners</u> **to use**.

그 프로그램은 초보자들이 사용하기에 너무 복잡했다. (초보자들에게는 복잡했다는 것)

03 5형식에서 to부정사의 의미상 주어

'to부정사가 주어를 가질 수 있다'라는 개념은, 사실 5형식(목적격 보어가 to부정사일 때)에서 볼 수 있습니다. 이때 둘의 관계는 '목적어'가 '목적격 보어하다'의 관계이기 때문입니다.

He allowed me to try his bike.

그는 내가 그의 자전거를 타 보게 해 줬다.

→ allowed한 사람: He | to try his bike를 하는 사람: me
따라서 me가 to try의 의미상 주어입니다.

I want you to go home now.

난 네가 지금 집에 가면 좋겠어.

→ want하는 사람: I | to go home하는 사람: you
따라서 you가 to go의 의미상 주어입니다.

to부정사의 시제 조절

앞서 현재완료 부분에서 have + p.p.는 '현재완료' 시제뿐만 아니라 '동사를 포함하지만 동사 역할을 하지 않는 문법의 시제 조절 장치 역할'도 할 수 있다고 했습니다. 이 말은 to부정사의 경우, to have p.p.로 활용되는 것을 뜻합니다.

	to부정사	to부정사 시제 조절 장치
형태	to + 동사원형	to + have + p.p.
의미	to부정사 속 동사의 행위나 상태가 일어나는 시점이 전체 문장의 시제와 일치	to부정사 속 동사의 행위나 상태가 일어나는 시점이 전체 문장의 시제보다 한 시제 앞선 과거 시제

01   문장에 'to + 동사원형'이 쓰인 것의 의미

문장에 'to + 동사원형'이 쓰인 것은 to부정사 속 동사의 행위나 상태가 전체 문장의 시제와 같은 선상에서 일어난다는 것을 뜻합니다.

I tried hard **not to laugh.**
나는 웃지 않으려고 최선을 다했다. **(전체 문장의 시제는 과거)**

→ not to laugh는 일반적인 to부정사로, '웃지 않으려고 한 행위'가 tried를 하던 동일한 과거 시점에 있던 일임을 표현합니다.

It won't be hard for you **to blend in.**
네가 잘 지내기가 어렵지 않을 거야. **(전체 문장의 시제는 미래)**

→ (for you) to blend in은 일반적인 to부정사로 '잘 지낸다는 일'이 미래에 일어날 일임을 표현합니다.

College students drink too much caffeinated beverages **in order to stay awake** at night.
대학생들은 밤에 깨어 있으려고 카페인이 너무 많이 들어간 음료를 마신다. **(전체 문장의 시제는 현재)**

→ in order to stay awake는 일반적인 to부정사로 '깨어 있기 위해'는 현재의 사실을 설명합니다.

02 문장에 to have p.p가 쓰인 것의 의미

문장에 to have p.p가 쓰인 것은 to부정사 속 동사의 행위나 상태가 전체 문장의 시제보다 한 시제 앞서 일어났고, 이 사실을 한 문장에 나타내야 할 때입니다.

He claims something.
그는 어떤 것을 주장한다.

+

He studied psychology at university.
그가 (과거에) 대학교에서 심리학 공부를 했다.

=

He claims **to have studied** psychology at university.
그는 대학에서 (과거에) 심리학을 공부했다고 (현재) 주장한다.

→ 첫 번째 문장에서 그가 어떤 것을 주장하는 것은 현재이고, 두 번째 문장에서 대학에서 심리학을 공부했다는 것은 과거입니다. 과거에 자신이 심리학을 공부했다고 현재 주장하는 것을 한 문장에 담을 때, '공부했다'에 해당하는 to부정사는 과거이고, 그것을 주장하는 동사는 현재이므로 to부정사의 시제 조절 장치인 to have p.p.를 사용합니다.

she seemed like …
그녀는 어떤 상태처럼 보였다.

+

She had left her passport at home.
그녀는 여권을 집에 두고 왔다.

=

She seemed **to have left** her passport at home.
그녀는 여권을 집에 두고 온 것처럼 보였다.

→ 첫 번째 문장에서 그녀가 어떤 상태처럼 보였던 건 과거이고, 두 번째 문장에서 여권을 집에 두고 온 것은 한 시제 앞선 과거완료입니다. 한 시제 앞선 과거에 여권을 놔두고 온 것과 그 상태를 보여주는 과거 시제를 한 문장에 담을 때, '여권을 두고 왔다'에 해당하는 to부정사는 과거완료이므로 to부정사의 시제 조절 장치인 to have p.p.를 사용합니다.

to have p.p.를 목적어나 보어로 쓰는 동사들

to have p.p.가 to부정사가 쓰이는 어느 곳에서나 다 쓰이지는 않습니다. 보통 to부정사가 특정 동사의 목적어나 보어로 쓰일 때 쓰이는데, 그 특정 동사들은 다음과 같습니다.

seem(~하게 보이다), claim(~라고 주장하다), pretend(~인 척하다), like(~을 좋아하다), hope(~을 희망하다), expect(~을 기대하다), prefer(~을 선호하다) 등

The city **seems** to have remained in peace for the last 100 years, but it's not true.
그 도시는 지난 100년간 평화로웠던(과거) 것처럼 보이지만(현재), 그건 사실이 아니다.

My son **pretended** to have finished his homework, but I knew he didn't.
내 아들은 숙제를 다 끝냈다(과거완료) 척했지만(과거), 나는 그렇지 않다는 것을 알고 있었다.

P L U S

묻지도 따지지도 말고 외워 두면 좋은 to부정사 구문들

다음은 회화와 작문에서 활용도가 높은 to부정사 구문들입니다. 꼭 외워서 활용해 보세요.

▶ **To make matters worse, : 설상가상으로**
→ 어떤 일이 엎친 데 덮쳤을 때 활용합니다.
To make matters worse, the hurricane passed through the Atlantic Ocean and increased its severity.
설상가상으로, 허리케인은 대서양을 지나면서 그 강도를 높였다.

▶ **To be frank (with you), : 솔직히 말하면**
→ 상대에게 솔직한 의견이나 심정을 전달할 때 씁니다. 많이 쓰이는 동의어로 Frankly speaking, To be honest, Honestly 등이 있습니다.
To be frank with you, I really hated your boyfriend.
솔직히 말하면, 나 네 남자 친구 진짜 싫었어.

▶ **Just to let you know, : 참고로**
→ 상대에게 어떤 참고 사항을 말할 때 씁니다. 동의어로는 Just so you know 등이 있습니다.
Just to let you know, I'll be late tomorrow.
참고로, 나 내일 늦을 거야.

다르게 읽어 보기

다음 지문에서 각 to부정사의 정확한 의미와 의도를 확인해 보세요.

First aid is an essential skill to know. The aims are to save a life and to help recovery. In order to do it right, we should know how to administer first aid. Here are the steps.

First, you need to make sure that there are no potential dangers around the site.

Second, do not try to handle the accident alone. It will be too physically-demanding to do alone. You should ask for help around you.

Third, check if the casualty is breathing. If not, you should put them on their back gently in order to open their airway.

Fourth, administer CPR until a professional medical team arrives.

응급처치는 반드시 알아둬야 할 기술이다. 응급처치의 목적은 생명을 구하고 회복을 돕는 것이다. 응급처치를 제대로 하기 위해서 우리는 어떻게 응급처치를 하는지 알아야 한다. 다음은 응급처치 단계이다.
첫째, 사고 장소 주변에 위험을 초래할 수 있는 것들이 없는지 확인해야 한다.
둘째, 사고를 혼자서 처리하려고 하지 마라. 그건 혼자 하기에는 육체적으로 너무 힘이 들 것이다. 주변에 도움을 청해야 한다.
셋째, 사상자가 숨을 쉬는지 확인한다. 숨을 쉬지 않는다면, 사상자의 기도가 열릴 수 있게 조심스레 등을 바닥으로 향하여 눕힌다.
넷째, 전문 의료진이 오기 전까지 CPR을 실행한다.

First aid is an <u>essential skill</u> to know.
→ to know는 앞의 an essential skill을 꾸며 주는 형용사 용법입니다.

<u>The aims</u> are to save a life and to help recovery.
→ to save a life and to help recovery는 '주어(그 목적) = 보어(생명을 살리고 회복을 돕는 것)'의 관계인 명사(보어)로 쓰인 용법입니다.

In order to do it right, we should <u>know</u> how to administer first aid.
→ In order to do it right은 문장의 동사(should know)를 꾸며 주는 부사적 용법입니다.
→ how to administer first aid는 동사 know 뒤의 명사 자리에 쓰였으므로, 명사(목적어)로 쓰인 용법입니다.

First, you need <u>need</u> **to make sure** that there are no potential dangers around the site.

→ to make sure는 동사 need 뒤의 명사 자리에 쓰였으므로, 명사(목적어)로 쓰인 용법입니다.

Second, do not <u>try</u> **to handle** the accident alone.

→ to handle은 동사 try 뒤의 명사 자리에 쓰였으므로, 명사(목적어)로 쓰인 용법입니다.

It will be **too** <u>physically-demanding</u> **to do alone**.

→ too ... to do alone은 앞에 있는 형용사(physically-demanding)을 꾸미는 부사적 용법입니다.

→ It(가주어) ... to부정사(진주어)라고 생각할 수도 있는데, 여기서 it은 first aid를 대신하는 대명사이기 때문에 가주어가 아닙니다.

If not, you should put them on their back gently **in order to open their airway**.

→ in order to open their airway는 문장의 동사(put ~)를 꾸미는 부사적 용법입니다.

CHAPTER 6 고도의 의사소통으로 필요해진 동명사

동명사를 배워야 하는 이유

동명사는 V-ing의 형태이며, to부정사와 마찬가지로 동사가 포함되어 있지만 문장에서 동사가 아닌 다른 품사의 역할을 합니다. 한마디로 동사의 성질이 있는 V-ing가 명사 자리에 쓰인 것입니다. 주로 '~하는 것'으로 이해하며, 다음의 특징이 있습니다.

동명사의 특징

1. 동사의 성질이 있다

주어, 목적어, 보어를 가질 수 있고 시제 조절도 가능하다.

2. V-ing가 명사 자리에 쓰인다

V-ing가 동사 앞, 동사 뒤, 전치사 뒤에 쓰인다.

앞에서 배운 to부정사를 비롯해 동명사가 존재하는 이유는 영어 고유의 특성 때문입니다. 영어는 전체 문장에서 (접속사로 이어지는 경우를 제외하고) 주어와 동사를 하나씩밖에 가질 수 없습니다. 하지만 고도의 의사소통을 하다 보면 주어, 동사를 하나씩만 써서는 부족하지요. 그래서 영어의 특성을 건드리지 않으면서도 복잡한 사고작용의 결과인 문장을 잘 말하기 위해서 to부정사, 동명사, 앞으로 배울 분사가 존재하게 된 것입니다.

앞서 배운 to부정사가 명사의 역할 외에 형용사, 부사의 역할을 하는 것과 달리, 동명사는 오로지 명사 자리에 놓여 명사 역할만을 합니다. 이제 문장의 각 위치에 쓰인 동명사(V-ing)를 더 자세히 알아봅니다.

동명사의 위치

01 동사 앞에 쓰인 동명사(주어)

동명사 + 단수형 동사

동사 앞에(주어 자리) 위치한 동명사는 영어에서 단수로 취급합니다. 그래서 전체 문장의 시제가 현재라면 동사는 항상 단수형(is, 동사-s)으로 표현합니다.

Spending time wisely <u>is</u> always important but difficult.
시간을 현명하게 쓰는 것은 항상 중요하지만 어렵다.
→ 동명사 Spending이 동사 앞 주어 자리에 있으므로 be동사의 단수형 is가 쓰입니다.

Drinking two cups of coffee every day <u>lowers</u> your cholesterol levels.
매일 커피 2잔을 마시는 것은 콜레스테롤 수치를 낮춰 준다.
→ 동명사 Drinking이 동사 앞 주어 자리에 있으므로 lower의 단수형 lowers가 쓰입니다.

동명사의 부정형: Not/Never + 동명사

동명사의 부정형은 동명사 앞에 not 혹은 never를 두어 나타냅니다.

Not having a cell phone <u>was</u> not annoying at all last week.
지난주에 휴대폰을 가지고 있지 않았던 것이 전혀 짜증나지 않았다.
→ 동명사의 부정형 Not having이 주어 자리에 있으므로 be동사의 과거 단수형 was가 쓰입니다.

Not learning a new thing <u>makes</u> your life boring.

새로운 것을 배우지 않는 것은 인생을 지루하게 만든다.

→ 동명사의 부정형 Not learning이 주어 자리에 있으므로 make의 단수형인 makes가 쓰입니다.

02 동사 뒤에 쓰인 동명사(목적어)

동명사가 동사 뒤에 올 수는 있지만, 동명사를 목적어 자리에 데려올 수 있는 동사는 정해져 있습니다.

뒤에 동명사 목적어를 쓸 수 있는 동사

mind(~하는 것을 꺼리다), deny(~하는 것을 부인하다), avoid(~하는 것을 피하다), recommend(~하는 것을 추천하다), enjoy(~하는 것을 즐기다), keep(~하는 것을 계속하다), give up(~하는 것을 포기하다), imagine(~하는 것을 상상하다), consider(~하는 것을 고려하다), admit(~하는 것을 인정하다), finish(~하는 것을 끝내다)

These days, people don't <u>mind</u> **asking** private questions.

요즘에는 사람들이 사적인 질문을 하는 것을 꺼리지 않는다.

My brother <u>denied</u> **stealing** my laptop.

형은 내 노트북을 훔친 걸 부인했다.

You should <u>avoid</u> **getting** into a trouble as much as possible.

여러분은 가능한 한 문제가 생기는 상황을 피해야 합니다.

I suffered sleep disorders and my doctor <u>recommended</u> **doing** yoga.

나는 수면 장애를 겪었는데 의사가 요가하는 것을 추천했다.

Can you <u>imagine</u> **winning** the lottery?

복권에 당첨되는 걸 상상할 수 있어?

He <u>considered</u> **moving** to a big city.

그는 대도시로 이사하는 것을 고려했다.

한눈에 정리하는 to부정사를 취하는 동사 vs. 동명사를 취하는 동사

1. to부정사만을 목적어로 쓰는 동사: want, wish, tend, hope 등

Who would <u>want</u> **to be** alone?

누가 홀로 남고 싶어 할까요?

Hi, I <u>wish</u> **to speak** to Ms. Chan.

안녕하세요, Chan 씨와 통화하고 싶습니다.

Kids under 7 years old <u>tend</u> **to stick** to their parents.

7세 이하 아이들은 부모에게 딱 붙어 있으려고 한다.

I <u>hope</u> **to see** you soon again.

곧 다시 뵐 수 있길 바랍니다.

2. 동명사(V-ing)만을 목적어로 쓰는 동사: admit, enjoy, finish, give up 등

They <u>admitted</u> **making** a mistake.

그들은 실수한 것을 인정했다.

Do you <u>enjoy</u> **reading** science fictions?

공상 과학 소설을 즐겨 읽으시나요?

What time do you think you can <u>finish</u> **cleaning** all this up?

몇 시쯤 이거 다 치우는 것 끝낼 수 있을 것 같아요?

If you <u>give up</u> **doing** what you hate, there will be no progress.

여러분이 싫어하는 걸 하기를 포기한다면, 발전은 없을 겁니다.

3. 둘 다 써도 되며, 의미 차이가 거의 없는 동사: like, start, begin, continue 등

I <u>like</u> **to watch / watching** people.

나는 사람 구경하는 걸 좋아해.

When did you <u>start</u> **to drive / driving**?

운전은 언제 시작했어요?

People <u>began</u> **to lose / losing** interest in living an urban life.

사람들은 도시 생활을 하는 것에 흥미를 잃기 시작했다.

If we don't take action now, this problem will <u>continue</u> **to grow / growing**.

지금 우리가 아무런 조치도 취하지 않으면, 이 문제는 계속 커질 거예요.

4. 둘 다 쓰지만 의미 차이가 있는 동사: remember, forget, try, stop 등

1 ⓐ **remember + to**부정사: ~해야 하는 걸 기억하다

→ 부정사 속 행동을 해야 한다는 사실을 기억하다

Always remember **to save** your work online.
작업물을 온라인에 저장해야 하는 걸 늘 기억하세요.

1 ⓑ **remember** + 동명사: ~했던 것을 기억하다
→ 동명사 속 행동을 이전에 했고, 이 사실을 기억하다

I remember **staring** at the night sky full of stars.
나는 별로 가득하던 밤 하늘을 봤던 게 기억나.

2 ⓐ **forget** + to부정사: ~해야 할 것을 잊어버리다
→ 부정사 속 행동을 해야 하는데 그것을 깜박하다

I'm sorry, I forgot **to send** you this email yesterday.
미안. 어제 너한테 이 이메일을 보내야 하는 걸 잊었어.

2 ⓑ **forget** + 동명사: ~했던 것을 잊어버리다
→ 동명사 속 행동을 이전에 했다는 사실을 잊어버리다

My husband totally forgot **working** as a chef.
남편은 요리사로 일했던 것을 까맣게 잊어버렸다.

3 ⓐ **try** + to부정사: ~하려고 하다, 애쓰다, 노력하다
→ 부정사 속 행동을 하려고 노력(시간, 돈, 힘 등)을 들이다

I tried **to explain** what happened, but they didn't trust me.
나는 무슨 일이 일어났는지 설명하려고 했지만, 그들은 나를 믿지 않았다.

3 ⓑ **try** + 동명사: ~해 보다
→ 동명사 속 행동을 함으로써 어떤 문제나 상황을 해결해 보다

If your phone is not working, try **restarting** it first.
휴대폰이 작동을 안 하면, 먼저 껐다 다시 켜 보세요.

4 ⓐ **stop** + to부정사: ~하기 위해 하던 걸 멈추다
→ 이때 to부정사는 stop의 목적을 설명하기 위한 부사적 용법으로 쓰였고, '~하기 위해서'라고 해석합니다. 일상 영어에서는 stop 바로 뒤에 to부정사를 쓰기보다는 목적어를 쓴 뒤 to부정사를 사용하여 '어떤 것을 멈춘 목적'을 설명합니다.

We stopped **to ask some questions**.
우리는 몇 가지 질문을 하려고 (가던 길을) 멈추었다.

We stopped a few passers-by **to ask some questions**.
우리는 몇 가지 질문을 하려고 행인들을 멈춰 세웠다.

4 ⓑ **stop** + 동명사: ~하는 것을 멈추다
→ 하고 있던 행동을 멈추다

I stopped **walking** and took a taxi as I was so tired.
나는 너무 피곤해서 걷는 걸 멈추고 택시를 탔다.

03 동사 뒤에 쓰인 동명사 (보어)

보통 be동사 뒤에 위치하며, '~하는 것'으로 해석합니다. be동사 뒤에 쓰인 동명사와 주어의 관계가 다음과 같으면, 이는 보어로 쓰인 동명사입니다. 이 관계가 아니라면, V-ing는 동명사가 아닌 진행형 동사(~하는 중)로 쓰인 것입니다.

주어 = 동명사

What I want to do now is **watching** a romantic movie.
내가 지금 하고 싶은 것은 로맨틱 영화를 보는 것이다. **(보어)**

→ 동사 is를 중심으로 '주어(내가 하고 싶은 것) = V-ing(로맨틱 영화를 보는 것)'의 관계.

My sister is **watching** a romantic movie.
내 여동생은 지금 로맨틱 영화를 보는 중이다. **(현재진행형)**

→ 동사 is를 중심으로 '주어(내 여동생) = V-ing(로맨틱 영화를 보는 것)'의 관계가 아니라, is watching이 my sister의 상태를 설명하므로 동명사가 아니라 현재진행형에 쓰인 V-ing입니다.

04 전치사 뒤에 쓰인 동명사 (목적어)

모든 전치사는 뒤에 오는 명사를 이어주기 때문에, 명사 역할을 하는 동명사(V-ing) 또한 당연히 이어줄 수 있습니다.

I'm not good at **cleaning**.
나는 청소를 잘 못해.

Do you have a problem with **working here**?
여기서 일하는 데 혹시 불만 있어?

My boss insists on **doing** everything in his own way.
내 직장 상사는 모든 걸 자기 방식대로 하는 걸 고집해.

동명사의 의미상 주어

01 동명사 의미상 주어의 의의

동명사(V-ing) 속 동사의 행동이나 상황을 행하는 특정 주체를 말할 때 그 주어를 동명사 앞에 놓을 수 있습니다. 동명사의 의미상 주어는 (대)명사의 목적격 혹은 소유격을 씁니다.

동명사의 의미상 주어	목적격 대명사 / 소유격 대명사 / 일반명사('s)

Would you mind me/my **sitting** next to you?
제가 당신 옆에 앉아도 될까요? (꺼리지 않으신가요?) (sitting은 동사 mind의 목적어)
→ 상대방 옆 자리에 '내가' 앉아도 되는지 물어보는 것이기 때문에, 동명사 sitting의 의미상 주어로 '나(I)'의 목적격 혹은 소유격을 쓸 수 있습니다.

Henry/Henry's **snoring** kept me awake all night.
Henry가 코 고는 것이 나를 밤새 잠들지 못하게 했다. (snoring은 동사 kept의 주어)
→ 코를 곤 사람이 Henry라서 의미상 주어인 Henry의 목적격 혹은 소유격을 동명사 앞에 쓸 수 있습니다.

02 의미상 주어 유무에 따른 의미 차이

동명사 속 동사의 주어와 전체 문장의 주어가 일치하지 않을 때, 동명사의 의미상 주어를 그 앞에 둘 수 있습니다. 다음 문장에서 동명사의 의미상 주어가 있을 때와 없을 때의 차이를 비교해 보세요.

I can't even imagine **living** in the countryside.

나는 시골에서 사는 건 상상조차 할 수 없어. **(상상할 수 없는 사람: I = 시골에 사는 사람: I)**

→ 동명사의 의미상 주어가 본문 전체 주어인 '나'이므로 의미상 주어를 쓸 필요가 없습니다.

I can't even imagine <u>him/his</u> **living** in the countryside.

나는 그가 시골에 사는 건 상상조차 안 돼. **(상상할 수 없는 사람: I ≠ 시골에 사는 사람: he)**

→ '그 사람'이 시골에 사는 것을 '내'가 상상할 수 없기 때문에 동명사 living의 의미상 주어는 him/his가 되어야 합니다.

You just hate **going** to parties.

넌 그냥 파티에 가는 걸 싫어하잖아. **(싫어하는 사람: you = 파티에 가는 사람: you)**

→ 동명사 going의 의미상 주어는 본문 전체 주어인 you이므로 의미상 주어를 쓸 필요가 없습니다.

You just hate <u>me/my</u> **going** to parties.

넌 그냥 내가 파티에 가는 걸 싫어하잖아. **(싫어하는 사람: you ≠ 파티에 가는 사람: I)**

→ '내'가 파티에 가는 걸 '너'가 싫어하기 때문에 동명사 going의 의미상 주어는 me/my가 되어야 합니다.

때로는 동명사의 의미상 주어가 없을 때 어색한 문장도 있습니다.

After **evaluating** my work performance, I got promoted. (X)

내 근무 실적을 평가한 뒤, 나는 승진했다.

→ 보통 내가 나의 근무 실적을 평가하고 스스로 승진을 시키지는 않습니다. 그런 점 때문에 이 문장이 어색한 것입니다. 내 근무 실적을 평가하는 사람은 내가 아닌 타인, 예를 들면 직장 상사가 되어야 합니다. 즉, 전치사 after 뒤에 쓰인 evaluating의 의미상 주어는 내가 아닌 다른 사람이 되어야 하는 것이죠.

After <u>their/them</u> **evaluating** my work performance, I got promoted. (O)

그들이(직장 상사가) 내 근무 실적을 평가한 뒤, 나는 승진했다.

동명사의 시제 조절

동명사는 to부정사와 마찬가지로 동사를 포함하지만, 그 동사가 문장의 전체 동사로 쓰이지 않는 대표적인 문법 사항입니다. 이 동명사에 쓰인 동사의 행위나 상태가 일어나는 시점이 전체 문장의 시제보다 한 시제 앞설 때 having p.p. 로 활용됩니다.

일반 동명사(V-ing)가 쓰인 것의 의미

V-ing으로 쓰인 동명사는 동명사 속 동사의 행위나 상태가 일어나는 시점이 전체 문장의 시제와 같다는 뜻입니다.

Only a week ago, I was terrible at **making** an eye contact, but now, I'm good at it.

딱 일주일 전만 해도 나는 눈을 마주치는 것에 서툴렀지만 지금은 잘한다. **(전체 문장의 시제: 과거)**

→ making은 일반 동명사로 '서투른 것'과 '눈을 마주치는 것'이 1주일 전에 있었던 일.

I'll try **doing** yoga for a good sleep tonight.

오늘 밤 꿀잠을 위해 요가를 한 번 해 볼게. **(전체 문장의 시제: 미래)**

→ doing은 일반 동명사로 시도해 보는 것과 '요가를 하는 것'이 미래에 일어날 일.

People normally avoid **having** an argument in the workplace.

사람들은 보통 직장에서 논쟁하는 걸 피한다. **(전체 문장의 시제: 단순 현재)**

→ having은 일반 동명사로 '피하는 것'과 '논쟁을 하는 것'이 현재 일반적인 일.

having p.p.가 쓰인 것의 의미

동명사 속 동사의 행위나 상태가 전체 문장의 시제보다 한 시제 앞서(과거에) 일어났고, 이를 한 문장에 나타내야 할 때는 having p.p.를 씁니다.

She is complaining that she **received** the wrong dress.
그녀는 (자기가 고른 게 아닌) 다른 드레스를 받았다고 불평하고 있다.

↓

She is complaining of **having received** the wrong dress.
그녀는 (자기가 고른 게 아닌) 다른 드레스를 받은 것에 불평하고 있다.

→ 첫 번째 문장에서 그녀가 불평하는 것은 현재 일어나는 일이고, 불만과 관련된 내용은 과거의 일입니다. 이 문장을 동명사를 이용해 표현할 때는 시제 차이를 고려해 두 번째 문장처럼 과거에 있던 일(다른 드레스를 받은 것)은 동명사의 과거형인 having p.p.로 표현합니다.

cf. She is complaining **of receiving** the wrong dress.
그녀는 잘못된 드레스를 받는 것에 불평하고 있다.

→ 전체 문장의 시제(is complaining)와 동명사의 시제(receiving)가 동일한 이 문장은 그녀가 드레스 배송을 받아 보면 늘 다른 드레스가 와서 현재 그걸 불평하고 있다는 뜻입니다.

Emma liked to talk about her certain experience and that experience was that she **had lived** in London.
Emma는 자신의 어떤 경험을 말하는 걸 좋아했는데, 그 경험은 그녀가 런던에서 살았던 것이었다.

↓

Emma liked to talk about **having lived** in London.
Emma는 런던에 살았던 걸 말하는 걸 좋아했다.

→ 첫 번째 문장에서 그녀가 런던에 살았던 것은 과거완료이고 그 경험에 대해 말하길 좋아하는 것은 과거입니다. 이걸 동명사를 이용해 표현할 때는 시제 차이를 고려해 두 번째 문장처럼 더 과거에 있었던 일(런던에 살았던 것)은 동명사의 과거형인 having p.p.로 표현합니다.

cf. Emma liked to talk about **living** in London.
Emma는 런던에서 사는 걸 말하는 것을 좋아했다.

→ 전체 문장의 과거 시제(liked)와 동명사 시제(living)가 일치하는 문장으로, 즉, 그런 얘기하는 것을 좋아했던 당시 런던에 살고 있었다는 것입니다.

묻지도 따지지도 말고 알아야 할 동명사구 관용 표현

▸ **be busy V-ing : ~하느라 바쁘다**

I'm so **busy cooking** and **babysitting** at the same time.

나는 요리도 하고 동시에 애도 보느라 너무 바빠.

▸ **cannot help V-ing : ~하지 않을 수 없다**

I **couldn't help laughing** at his jokes.

나는 그의 농담에 웃지 않을 수 없었다.

▸ **have a problem V-ing : ~하는 데 어려움을 겪다, 힘들어하다**

I **have a problem remembering** stuff.

나는 뭔가를 기억하는 게 힘들어.

▸ **be worth V-ing : ~할 만한 가치가 있다**

The concert was a bit expensive, but it **was worth trying** once.

그 콘서트는 약간 비쌌지만, 그래도 한 번 정도는 볼 만했어.

다음 지문 속 동명사로 쓰인 V-ing을 보고, 앞서 배운 내용을 확인해 보세요.

Ocean creatures have been threatened by human actions. Humans directly harm those creatures by overfishing or throwing away trash such as plastic and glass bottles without thinking. We also indirectly harm them by pouring liquid chemicals right into the sink, which eventually ends up in the ocean. We should admit having done these actions over a long period. Repeating all these actions will eventually lead to ocean animals becoming extinct. To stop this from happening, we need to take better actions. Those actions could be limiting the number of fish caught in a day, or fining to someone who pours chemicals into the water. The latter might seem unrealistic, but at least we can stop our friends who are doing it if you have one.

해양 생물이 인간의 행위들로 인해 위협받고 있다. 인간은 남획을 하거나 플라스틱과 유리병 같은 쓰레기를 생각 없이 버림으로써 해양 생물에게 직접적으로 해를 입힌다. 우리 인간은 또 결국에는 바다로 흘러 들어가는 액체 화학 물질을 개수대에 바로 버림으로써 간접적으로도 해를 입힌다. 이런 행동을 아주 오랫동안 해 왔다는 걸 인정해야 한다. 이러한 행동을 반복하는 것은 결국에 해양 생물을 멸종하게 만들 것이다. 이 일이 일어나는 것을 막기 위해, 우리는 몇 가지 더 나은 행동을 취해야 한다. 그 행동들은 하루에 어획할 수 있는 물고기의 수를 제한하거나, 화학 물질을 물에 버리는 사람에게 벌금을 물리는 것이다. 후자가 약간 비현실적인 것처럼 보일지 몰라도, 적어도 우리는 주변에 그렇게 하는 사람(화학 물질을 물에 버리는 사람)이 있다면 그 친구들을 말릴 수는 있다.

1. 동사 앞(주어 자리)의 동명사

Repeating all these actions <u>will eventually lead</u> to ocean animals **becoming** extinct.

→ Repeating은 동사 will eventually lead 앞의 주어 자리에 놓인 동명사입니다. 또 becoming은 ocean animals를 의미상 주어로 취하고, 전치사 to 뒤의 명사 자리에 온 동명사입니다.

2. 동사 뒤(목적어/보어 자리)의 동명사

We should <u>admit</u> **having done** these actions over a long period.

→ having done은 동사 admit 뒤에 목적어로 쓰인 동명사입니다. 오랫동안 이 행동을 해 온 것은 과거부터 이어진 것이기 때문에 주절의 현재 시제(admit)보다 앞선 일이므로, having p.p.가 쓰입니다.

Those actions could <u>be</u> **limiting** the number of fish caught in a day, or **fining** to someone who pours chemicals into the water.

→ be동사 뒤에 쓰인 limiting과 접속사 or로 이어진 fining은 보어로 쓰인 동명사입니다. '주어 (그 행동들은) = 보어(제한하는 것, 벌금을 부과하는 것)'의 관계이기 때문에 목적어가 아닌 보어 입니다.

3. 전치사 뒤의 동명사

Humans directly harm those creatures <u>by</u> **overfishing** or **throwing away** trash such as plastic and glass bottles <u>without</u> **thinking**.

→ 접속사 or로 이어진 overfishing과 throwing away는 전치사 by의 목적어로 쓰인 동명사 입니다. thinking 역시 전치사 without 뒤에 쓰인 동명사입니다.

We also indirectly harm them <u>by</u> **pouring** liquid chemicals right into the sink

→ pouring은 전치사 by의 목적어로 쓰인 동명사입니다.

To stop this <u>from</u> **happening,**

→ happening은 전치사 from의 목적어로 쓰인 동명사입니다.

CHAPTER 7 길고 어려운 문장 파악의 해결사, 분사

분사를 배워야 하는 이유

분사란 'V-ing(일명 현재분사)' 혹은 'p.p.(일명 과거분사)'의 형태로, 문장에서 형용사로 활용되어 앞 혹은 뒤에 있는 명사에 추가 정보를 주는 걸 지칭하는 문법 용어입니다. 분사는 영어에서 그 활용도가 대단히 높습니다. 간단한 외형과 달리 많은 정보를 제공할 수 있기 때문입니다. 다시 말해, 효율성이 좋습니다.

책의 앞 부분에서 '영어 문장이 길어지는 이유는 명사 부분이 길어지기 때문이다'라고 했습니다. 분사는 이 명사 부분을 길게 만드는 문법(명사에 추가 설명을 할 때 쓰이는 문법) 중 하나입니다. 따라서 분사를 알면 어떤 명사를 설명하고자 할 때뿐만 아니라, 분사로 인해 길어진 문장을 독해할 때도 도움이 많이 됩니다.

현재분사(V-ing)와 수식하는 명사의 관계

현재분사의 형태	V-ing
현재분사의 역할	형용사 역할을 하여 명사를 꾸밈

▌01 능동의 관계

'능동의 관계'란 간단하게 '~하는 명사/~해 주는 명사'라고 할 수 있으며, 이렇게 생각하면 쉽습니다.

> 자신이 꾸밈을 받는 명사가 되었다고 가정할 때, 자신이 분사 속 동사의 행동을 스스로 한다면 능동의 관계이다.

다음 중 맞는 문장은 무엇일까요?

1. I need to buy a floor <u>cleaning machine</u>.
2. I need to buy a floor <u>cleaned machine</u>.

나는 바닥 청소 기계를 사야 해.

문장 1이 맞는 표현입니다. 이유는 내가 machine이 되었다고 가정할 때, 스스로 cleaning을 하는 것(청소를 하는 기계)이기 때문입니다.

다음 중 어색한 표현을 골라 보세요.

1. We overheard a very <u>surprising news</u>.

우리는 아주 놀라운 소식을 엿들었다.

2. You should fix that <u>noise making fan</u>.

넌 저 시끄러운 소리를 내는 선풍기를 고쳐야 해.

3. Why would you buy a <u>breaking</u> table?

왜 부서진 테이블을 사려고 해?

4. My laptop gets heated too fast. It needs <u>cooling equipment</u>.

내 노트북이 너무 빨리 뜨거워져. 쿨링 장비가 필요해.

정답은 문장 3입니다. 이유는 (내가) table이 되었다고 가정할 때, 스스로 어떤 것을 부수는(breaking) 것이 아닌, 부서진(broken) table이 되어야 맞기 때문입니다.

▎02 진행 중인 관계

'진행 중인 관계'란 다음과 같이 설명할 수 있습니다.

> 현재분사로 표현된 V-ing의 일이 일어나고 있는 일인지, 혹은 끝나 버린
> 일인지를 생각해 보면 됩니다. 진행 중인 일이라면 현재분사를,
> 그렇지 않을 때는 뒤에 배울 과거분사를 씁니다.

Could you please get that **barking** <u>dog</u> away from me?

제발 저 짖고 있는 개 좀 저한테서 멀리 떼어내 주시겠어요?

→ 개가 현재 '짖고 있는' 상태이기 때문에 V-ing로 명사 '개'를 수식합니다.

다음 중 맞는 문장은 무엇일까요?

1. You should rinse your eyes with <u>running water</u>.
2. You should rinse your eyes with <u>run water</u>.

넌 흐르는 물에 눈을 씻어야 해.

문장 1이 맞는 표현입니다. 눈을 흐르는(흐르고 있는) 물에 씻어야 하므로, 진행 중인 일을 나타내는 현재분사를 씁니다.

지금까지 현재분사가 명사 앞에 놓이는 경우를 살펴봤습니다. 하지만 실제 영어 문장에서는 현재분사가 명사 뒤에 놓여 수식하는 경우가 더 많습니다. 동사는 고집이 세서 전체 문장의 동사로 쓰이지 않고 다른 문법 형태로 있을 때도 '목적어'를 가질 수 있는데, 'V-ing + 목적어 ~'처럼 꾸미는 부분이 길어질 때는 자신이 꾸미는 명사 뒤에 위치합니다.

V-ing가 점점 길어져서 꾸며 주는 명사와의 사이가 벌어지면 일어나는 일

1. I saw a singing **bird.** (singing → bird)

명사 bird를 꾸며 주는 V-ing는 singing으로, 단순한 구조입니다.

2. I saw a singing a beautiful song **bird.**
   (singing a beautiful song → bird)

현재분사 V-ing의 꼬리에 뭔가 붙기 시작합니다(singing a beautiful song). 이렇게 되면 V-ing(singing)와 그것이 꾸미는 명사(bird) 사이가 서서히 멀어지죠.

3. I saw a singing a beautiful song to attract its mate **bird.**
   (singing a beautiful song to attract its mate → bird)

V-ing의 꼬리가 더 길어지고, 따라서 꾸미는 명사(bird)와의 거리가 더 멀어집니다. 이렇게 V-ing와 그것이 꾸미는 명사가 점점 멀어지면 V-ing의 꼬리가 어디까지인지, 꾸밈을 받는 명사는 무엇인지 명확히 판단이 안 됩니다.

↓

I saw a **bird** ← singing a beautiful song to attract its mate.
나는 짝을 유혹하기 위해 아름다운 노래를 부르는 ⟶ 새 한 마리를 보았다.

V-ing가 꼬리가 길어지면 그것이 꾸미는 명사 뒤에 위치함으로써 '명사 + (V-ing + 꼬리)' 수식 관계를 명확하게 해 줍니다.

My mother is next to the **old man** ← wearing a blue jacket.

우리 어머니는 파란색 재킷을 입고 있는 → 노인 옆에 있다.

I know that **guy** ← fueling his car while drinking coffee.

난 커피를 마시면서 차에 주유하는 → 저 남자를 알아.

03   동명사 vs. 현재분사

V-ing가 어떨 땐 현재분사(형용사)로 바로 뒤에 있는 명사를 꾸며 주지만, 어떨 땐 뒤에 있는 명사를 꾸며 주는 게 어색한 표현도 있습니다.

There is a sleeping **baby** in a sleeping **bag**.

침낭 안에서 자고 있는 아이가 있어.

이 문장에서 'V-ing + 명사'는 2개가 나오는데, 각각에 쓰인 V-ing는 그 역할이 다릅니다.

sleeping baby	'자고 있는 → 아기'로, sleeping이 baby를 꾸며 주는 현재분사
sleeping bag	'자고 있는 → 가방'이 어색하며, sleeping bag은 하나의 명사로, '침낭'의 뜻

sleeping bag처럼 V-ing가 명사를 꾸미는 용법이 아닐 때 한국식 영문법에서는 '동명사'라고 정의하지만, 사실 동명사가 아닌 여러 단어가 합쳐져 만들어진 '복합명사'라고 봐야 합니다. 즉, 'V-ing + 명사'를 하나의 명사로 이해하면 되죠.

V-ing가 현재분사로 쓰였는지 복합명사의 일부로 쓰였는지 알 수 있는 방법은 해석입니다. V-ing가 뒤의 명사를 꾸미는 해석이 가능하고 문맥상 어색하지 않다면 그 V-ing는 현재분사로 쓰인 것이고, 해석이 안 되거

나 문맥상 어색하다면 그 V-ing는 복합명사의 일부입니다.

My caring **mother** works at a caring **center**.
배려심 많은 우리 엄마는 돌봄 센터에서 일하신다.

같은 caring이지만 caring mother는 '배려심이 많은 → 엄마'의 해석이 가능하며, caring center는 '배려심이 많은 → 센터'의 해석이 어색하고 문맥상 맞지 않습니다. 따라서 첫 번째 caring은 현재분사, 두 번째 caring은 caring center라는 복합명사의 일부입니다.

현재분사 V-ing와 복합명사의 일부인 V-ing를 구별하는 또 다른 방법은, 'V-ing + 명사'를 '명사 + for V-ing'로 바꿔서 '~(V-ing)하기 위한 명사'라는 해석이 어색하면 현재분사, 자연스럽다면 복합명사의 일부라고 보면 됩니다.

A sleeping bag (침낭)	→	A bag for sleeping (수면용 가방)
A swimming pool (수영장)	→	A pool for swimming (수영하기 위한 풀장)
A frying pan (프라이팬)	→	A pan for frying (튀김용 팬)
A recycling bin (재활용 쓰레기통)	→	A bin for recycling (재활용을 위한 쓰레기통)
A parking lot (주차장)	→	A lot for parking (주차를 위한 공간)
A turning point (터닝 포인트)	→	A point for turning (변화를 위한 지점)

현재분사로 쓰인 V-ing에 이 방법을 적용해 보면 해석이 어색해집니다.

A sleeping baby(자고 있는 아기)	→	A baby for sleeping(잠을 자기 위한 아기?)
A barking dog(짖고 있는 개)	→	A dog for barking(짖기 위한 개?)
A developing country (발전 중인 국가, 즉 개발도상국)	→	A country for developing (발전하기 위한 국가?)
A moving train (움직이고 있는 기차)	→	A train for moving (움직이기 위한 기차?)

특히 'V-ing + 명사' 형태의 복합명사들은 단어를 외울 때부터 하나의 명사로 인식하는 것이 좋습니다.

과거분사(p.p.)와 수식하는 명사의 관계

과거분사의 형태	동사의 3단 변화(원형-과거형-과거분사)에서 마지막에 오는 형태
과거분사의 역할	형용사 역할을 하여 명사를 꾸밈

01 수동의 관계

명사와 과거분사에서 수동의 관계란 '~되는 명사/스스로 ~을 할 수 없는 명사'의 뜻입니다.

> 자신이 꾸밈을 받는 명사가 된다고 가정할 때 자신이 분사 속 동사의 행동을 <u>스스로 할 수 없거나</u> 그 동작을 다른 이들에게 받으면 수동의 관계이다.

다음 중 맞는 문장은 무엇일까요?

1. I want to buy a fully fixed <u>camera</u>.
2. I want to buy a fully fixing <u>camera</u>.

나는 완전히 수리가 된 카메라를 사고 싶다.

문장 1이 맞는 표현입니다. 카메라가 <u>스스로</u> fix를 할 수 없고, fix가 되어야(완전히 수리가 된 카메라) 하기 때문입니다.

다음 중 어색한 표현을 고르세요.

1. Can I get a bag of frozen <u>vegetables</u>?
냉동 채소 한 봉지 살 수 있을까요?

2. Those are the **making up** <u>words</u>.
그것들은 지어낸 단어들이야.

3. Lin solved one of the **unsolved** <u>math problems</u>.
린은 풀리지 않은 수학 난제 중 하나를 풀었다.

4. Only the rats filled up this **destroyed** <u>city</u>.
오직 쥐들만이 이 파괴된 도시를 채웠다.

어색한 표현은 문장 2입니다. 이유는 단어(words)들은 스스로 만드는 것들이 아닌, (사람들에 의해) 만들어지는 것이기 때문에 꾸미는 단어 make up(지어내다)과 수동의 관계여야 합니다. 따라서 the made-up words가 되어야 맞습니다.

Attention!

과거분사가 반드시 수동의 의미를 뜻하지는 않는다!

앞의 문장들을 보면 과거분사가 항상 수동의 의미를 갖는 듯하지만 반드시 그런 것은 아닙니다.

Fallen <u>leaves</u> 떨어진 나뭇잎들

과거분사 fallen과 명사 leaves의 관계는 '완료된 상태'를 나타냅니다. 이미 다 떨어져 버린 나뭇잎들을 얘기하는 것이기 때문이죠. 하지만 이 표현이 '수동의 관계'는 아닙니다. 나뭇잎은 스스로 떨어지는 것이고, 무엇보다 문법적으로 fall이라는 동사 자체가 수동태로 활용할 수 없기 때문에 본질적으로 '수동의 관계'를 나타낼 수 없습니다.

02 과거분사가 명사 뒤에 놓이는 것의 의미

과거분사 역시 뒤에 내용이 오면서 길어질 수 있습니다. 이때는 '과거분사 + 수식어구'가 꾸며 주는 명사 뒤에 위치합니다.

과거분사가 점점 길어져서 꾸며 주는 명사와의 사이가 벌어지면 일어나는 일

1. We are looking for a made **watch**. (made → watch)

명사 watch를 '만들어진'의 made가 꾸밉니다.

2. We are looking for a made in Switzerland **watch**.
  (made in Switzerland → watch)

과거분사 뒤에 장소를 나타내는 전치사구(in Switzerland)가 붙습니다. 그러자 과거분사 made와 그것이 꾸미는 명사(watch) 사이가 멀어지고, 문장의 의도나 해석이 달라질 수 있습니다.

3. We are looking for a made in Switzerland in 1927 **watch**.
  (made in Switzerland in 1927 → watch)

과거분사의 꼬리가 더 길어지고, 꾸미는 명사(watch)와의 거리도 더 멀어집니다.

↓

We are looking for a **watch** made in Switzerland in 1927.
우리는 1927년 스위스에서 만들어진 시계를 찾고 있어.

과거분사와 그것이 꾸미는 명사가 멀어지면 과거분사의 꼬리가 어디까지인지, 그리고 꾸며 주는 명사가 무엇인지 명확히 판단되지 않으므로 꾸미는 명사 뒤에 위치하여 '명사 + (과거분사 ~)'의 형태가 됩니다.

I liked the <u>house</u> ← **painted in blue and white.**

나는 파란색과 흰 색으로 칠해진 → 그 집이 마음에 들어.

The best coffee is <u>number 2</u>, ← **harvested and processed in Kenya.**

최고의 커피는 케냐에서 수확되고 가공된 → 2번이다.

The lecturer finished <u>his presentation</u> ← **followed by a 10-minute standing ovation.**

그 강사는 10분간 기립 박수가 이어진 → 그의 발표를 마쳤다.

We found some suspicious <u>packages</u> ← **shipped out from India back to New Zealand.**

우리는 인도에서 배에 선적돼 다시 뉴질랜드로 향하는 → 의심스러운 짐들을 발견했다.

This is <u>the piano</u> ← **made by the most famous piano company Steinway & Son in 1876.**

이건 1876년에 가장 유명한 피아노 회사인 Steinway & Son에서 만들어진 → 피아노이다.

03 상황에 따른 현재분사, 과거분사 사용법

현재분사와 과거분사가 같은 명사를 꾸밀 때의 차이를 알아보세요.

There was a house on fire, and some people were still inside the <u>burning</u> house.

불길에 휩싸인 집이 있었는데, 몇몇 사람들은 여전히 그 불타는 집 안에 있었다.

The fire was finally put out, and people stared at the <u>burnt house</u> hopelessly.

불이 마침내 꺼지고, 사람들은 희망을 잃은 채 다 타버린 집을 바라보았다.

→ There was a house on fire에서, <u>집에 불이 난 상태이기 때문에 불타고 있는(burning)</u> 집이 맥락상 맞습니다.

→ The fire was finally put out, 즉 <u>불이 완전히 꺼졌기 때문에, 이미 다 타 버린(burnt)</u> 집이 맞습니다.

The kids were trying to catch **falling** snow.

아이들은 떨어지는 눈을 잡으려고 하고 있었다.

We need to get rid of **fallen** snow.

우리는 내린 눈을 치워야 해.

→ 아이들은 떨어지는(진행 중인, falling) 눈을 잡으려고 했기 때문에 현재분사를 씁니다.

→ 이미 내린(완료된, fallen) 눈을 치워야 하기 때문에 과거분사를 씁니다.

Due to the ongoing economic recession, we are looking at the **increasing** cost of living.

진행 중인 경기 침체 때문에, 우리는 점점 오르는 생활비를 목격하고 있다.

After the economic recession, the Bank of Korea is trying to return the **increased** cost of living.

경기 침체 후, 한국은행은 올라 버린 생활비를 전으로 되돌리려고 하고 있다.

→ 현재 경기 침체가 생활비를 올리고 있는(increasing) 상황이어서 현재분사를 씁니다.

→ 경기 침체 후, 생활비가 올라 버린(increased), 즉 완료된 상황이어서 과거분사를 씁니다.

문장의 과거 동사 vs. 과거분사

영어 문장 1개에는 동사가 1개이다

영어 동사에는 규칙 동사와 불규칙 동사가 있습니다. 규칙 동사는 동사원형에 −(e)d를 붙여서 과거형과 과거분사형을 만들고, 불규칙 동사는 이런 규칙을 따르지 않는 동사를 총칭합니다. 문제는 과거형과 과거분사형이 같은 불규칙 동사와 규칙 동사 때문에 문장에서 동사로 쓰인 것인지, 과거분사형으로 쓰인 것인지 구분하기 쉽지 않다는 것이죠. 분사(형용사)와 동사의 역할이 엄연히 다르므로, 똑같이 생긴 -ed여도 어떨 때는 동사로, 어떨 때는 형용사로 판단해야 합니다. 다음 문장을 보세요.

The cost involved in the project increased.

위 문장에서 -ed를 찾으면 involved와 increased입니다.

여기서 꼭 알아야 할 것은 기본적으로 영어의 문장 개수는 곧 동사의 개수라는 점입니다. 즉, 문장 1개에 동사 1개이며, 그 이상의 동사가 있으려면 반드시 접속사가 있어야 합니다. 하지만 involved와 increased 사이에는 in the project가 있을 뿐, 접속사 역할을 하는 단어가 없습니다. 따라서 두 단어 중 하나는 동사 역할을 하지만, 다른 하나는 동사 역할을 할 수 없습니다. 그럼 둘 중 어떤 단어가 진짜 동사일까요?

involved를 동사로 해석한 문장과 increased를 동사로 해석한 문장을 비교해 보고 더 자연스러운 문장을 보면 됩니다.

involved를 동사로 해석한 문장: 그 비용은 프로젝트에 포함되었다 증가된

increased를 동사로 해석한 문장: 그 프로젝트에 포함된 비용이 증가되었다.

더 자연스러운 해석은 increased를 동사로 해석한 문장입니다. 따라서 involved in the project는 앞의 명사 cost를 꾸미는 과거분사이고, increased가 문장의 동사입니다.

긴 문장에서 동사 찾는 법

다음 문장에서 문장의 동사를 찾아보세요.

The ice covering the North Pole melted fast due to the factories using fuel fossils as well as greenhouse gases caused by human activities and failed to return to its original state.

STEP 1 '문장의 동사'로 쓰일 수 있는 단어를 모두 찾습니다.
동사: melted, caused, failed

STEP 2 찾은 단어들 사이에 접속사가 있는지 없는지 확인합니다.
failed 앞에 접속사 and가 있습니다.

STEP 3 찾은 단어들의 각 품사를 분석합니다.

① melted는 전치사구 due to 앞에 놓인 동사입니다.
② melted와 caused 사이에 접속사가 없고, melted가 이미 동사이므로 <u>caused는 과거분사</u>입니다.
③ melted와 failed 사이에 두 단어를 연결해 주는 접속사 and가 있으므로 **<u>failed는 동사</u>**입니다.

즉, 동사는 and로 이어진 melted와 failed, 2개이고, caused는 greenhouse gases를 꾸며 주는 분사로 쓰였습니다. 참고로 현재분사(V-ing)가 동사로 쓰이려면 반드시 앞에 be동사가 있어야 하기 때문에 문장의 covering, using은 각각 앞의 ice와 factories를 꾸미는 현재분사입니다.
따라서 '북극을 덮고 있는 얼음(the ice ← covering the North Pole)은 인간 활동에 의해 생긴 온실가스(greenhouse gases ← caused by human activities)와 화

석 연료를 사용하는 공장들(the factories ← using fuel fossils) 때문에 빠르게 녹았고(melted), 원래 상태로 돌아오는 것에 실패했다(failed)'라고 해석할 수 있습니다.

> **The method used to evaluate the value of products turned out to be outdated, so it won't be utilized anymore.**

STEP 1 '문장의 동사'로 쓰일 수 있는 단어를 모두 찾습니다.
동사: used to, turned out, won't be

STEP 2 찾은 단어들 사이에 접속사가 있는지 없는지 확인합니다.
won't be 앞에 접속사 so가 있습니다.

STEP 3 찾은 단어들의 각 품사를 분석합니다.

① used to와 turned out 사이에 접속사가 없으므로 둘 중 <u>하나는 과거 동사, 나머지 하나는 명사를 꾸미는 과거분사</u>입니다.

② 이럴 땐 두가지 경우를 모두 해석해 보고 더 자연스러운 문장을 선택합니다.
used to + 동사원형: ~하곤 했다 → 그 방법은 구식으로 밝혀진 제품들의 가치를 평가하곤 했다.
turned out to + 동사원형: ~로 밝혀졌다 → 제품들의 가치를 평가하기 위해 쓰인 그 방법은 구식으로 밝혀졌다.
뒤에 연결된 문장(so it won't be utilized anymore)과의 관계를 볼 때, 둘 중 더 자연스러운 해석은 turned out이 동사로 사용된 경우입니다. used는 the method를 꾸며 주는 분사입니다.

③ 동사 turned out과 won't be 사이엔 접속사 so가 있으므로, 둘 다 동사로 볼 수 있습니다.

따라서 '제품들의 가치를 평가하기 위해 사용된 그 방법(the method ← used to evaluate the value of products)은 구식으로 밝혀졌고(turned out), 따라서 그것은 더 이상 활용되지 않을 것이다(won't be)'로 해석할 수 있습니다.

지문에 굵은 글씨로 표시된 동사의 '-ed/p.p.'의 의미를 파악해 보세요.

Only a decade ago, there **was** a clear correlation between average income and product pricing. Let's suppose that the average income **increased** by roughly 5 percent. In this case, some products **considered** luxury items **cost** around 7 percent higher than their original price. However, other products **served** as commodities **were sold** much higher than their original price because these items **used** by the mass **could make** more money to a company manufacturing and distributing them. As a result, even though the average income **put** into our pocket **increased**, the average spending **would go** much higher. According to research **conducted** by Daehan Bank, there is no sign of this fluctuation any more since the average income has not changed since then.

10년 전만 해도, 평균 소득과 상품의 가격 결정 사이에 명백한 상관관계가 있었다. 평균 소득이 대략 5% 정도 올랐다고 가정해 보자. 이 경우에는 명품이라 여기던 몇몇 상품들은 원래 가격보다 대략 7% 정도 더 비쌌다. 그러나 생활용품 역할을 했던 다른 제품들은 원래 가격보다 훨씬 더 높게 팔렸는데, 이는 대중들에게 사용된 이 생필품들이 이를 제조하고 유통하는 회사들에게 더 많은 돈을 벌어 주었기 때문이다. 그 결과, 우리 주머니에 들어오는 임금이 상승했다 해도, 평균 소비량도 그만큼 많아지게 되었다. Daehan 은행에 의해 실시된 조사에 따르면, 그 이후 평균 임금의 변화가 보이지 않기 때문에 이런 가격 변동은 더 이상 보이지 않는다.

Only a decade ago, there **was(동사)** a clear correlation between average income and product pricing.
→ 1개의 문장이며, 따라서 동사도 was로 1개입니다.

Let's suppose that the average income **increased(동사)** by roughly 5 percent.
→ that절이 동사 suppose의 목적어절로 쓰였으며, that절 안에서 문장은 1개이며, 동사도 increased로 1개입니다.

In this case, some products **considered(과거분사)** luxury items **cost(동사)** around 7 percent higher than their original price.
→ 1개의 문장이지만, 과거 동사 형태가 2개이고, considered와 cost 사이에 접속사가 없기 때문에 해석을 통해 골라야 합니다. considered를 동사로 해석하면, '몇몇 제품들은 명품을 고려했다'라는 어색한 의미가 됩니다. cost를 동사로 해석한 '명품이라 여겨진 제품들은 ~한 값이 더 비쌌다'가 더 자연스럽습니다.

However, other products **served(과거분사)** as commodities **were sold(동사)** much higher than their original price

→ 1개의 문장이지만, 과거 동사 형태가 2개이고, served와 were sold 사이에 접속사가 없습니다. 하지만 be동사 were와 같이 쓰인 were sold가 전체 문장의 동사인 것을 바로 알 수 있습니다. 과거분사 앞에 be동사가 같이 쓰이면 고민할 것도 없이 전체 문장의 동사입니다.

because these items **used(과거분사)** by the mass **could make(동사)** more money to a company manufacturing and distributing them.

→ 1개의 문장이지만, 과거 동사 형태가 2개입니다. could make는 조동사 could를 포함하고 있는데, 조동사는 어디든 '동사의 역할'만 하기 때문에 이때는 could make를 동사, used를 과거분사형으로 결론 지을 수 있습니다.

As a result, even though the average income **put(과거분사)** into our pocket **increased(동사)**

→ 1개의 문장이지만, 과거 동사 형태가 2개입니다. 이 경우에는 increased가 동사 increase의 단순 과거형이므로 자연스레 put은 과거분사, increased는 동사형으로 쓰였다는 것을 알 수 있습니다.

the average spending **would go(동사)** much higher.

→ 1개의 문장이며, 따라서 동사도 would go로 1개입니다.

According to research **conducted(과거분사)** by Daehan Bank,

→ according to는 전치사로, 명사 research를 연결합니다. 전치사 뒤에는 문장이 바로 나올 수 없고, 따라서 동사도 나올 수 없기에 자연스레 conducted는 동사가 아닌 과거분사로 쓰였음을 알 수 있습니다.

CHAPTER 8 최고의 언어 경제성, 분사구문

독해 실력의 첨병, 분사구문

많은 학습자들이 어렵다고 생각하는 문법 중 하나가 바로 분사구문입니다. 분사와 분사구문의 생김새는 동일하게 V-ing 또는 p.p.이지만, 분사는 명사를 꾸며 주는 형용사 역할을, 분사구문은 접속사절 역할을 한다는 점에서 아예 다른 문법이라고 생각하고 접근해야 합니다.

분사	보통 그 앞/뒤에 명사가 위치하고, 그 명사를 수식하는 형용사 역할 **명사 + V-ing / p.p.** (앞의 명사를 수식, 형용사 역할) The girl ← looking out of the window started crying. 창문 밖을 바라보던 → 소녀가 울기 시작했다.
분사구문	접속사절과 같은 의미이며, 분사구문과 뒤의 문장 사이에 보통 콤마가 위치 **V-ing / p.p.** (접속사절), **주절** (접속사절이 아닌 전체 문장의 주된 문장) Looking out of the window, the girl started crying. 창 밖을 바라보며 그, 소녀가 울기 시작했다.

분사구문을 쓰는 이유는 쉽게 말해 가성비가 좋기 때문입니다. 분사구문인 V-ing 또는 p.p.(1단어)에는 접속사절(접속사 + 주어 + 동사, 최소 3단어)이 모두 포함되어 있습니다. 다시 말해, 같은 의미를 더 적은 단어를 써서 표현할 수 있다는 것입니다. 이와 같이 효율성이 좋기 때문에 분사구문이 많이 활용됩니다.

Entering the house, I realized that there was no one. (분사구문)
= When I entered the house, I realized that there was no one. (접속사절)

집에 들어갔을 때, 나는 아무도 없다는 것을 깨달았다.

UNIT 1

현재분사구문(V-ing)

현재분사구문(V-ing)은 접속사절과 같은 역할을 하며, 보통 주절 앞에 위치합니다.

01 현재분사구문 의미 파악하기

> **Looking at the night sky,** we talked about our future.
> 밤 하늘을 보며, 우린 미래에 대해 이야기했어.

Looking at the night sky는 현재분사구문으로, 완전한 절(we talked about our future) 앞에서 접속사절 역할(문장을 이어주는 역할)을 합니다. 이 Looking(V-ing)을 접속사절(접속사 + 주어 + 동사)로 이해하는 방법을 설명합니다. 이걸 알아야 분사구문의 의미를 빠르게 파악할 수 있습니다.

STEP 1 분사구문에 주어가 없다의 의미

→ V-ing 앞에 어떤 명사도 없다면, 주어는 주절의 주어와 동일하다는 의미이므로 분사구문의 주어는 주절의 주어인 we.

STEP 2 V-ing 형태의 의미

→ 현재분사구문의 동사는 현재분사의 특성상(진행, 동작) 반드시 능동태이며, 시제 또한 주절의 시제와 같다는 점을 주의하세요. (시제가 다른 경우는 '분사구문의 시제 조절' 참조) 따라서 looking의 원래 형태는 주절의 시제가 과거이므로 looked.

STEP 3 문맥으로 접속사 의미 확인하기

→ 두 문장을 해석해서 거기에 쓰인 접속사를 파악합니다. we looked at the night sky. we talked about our future에서 접속사는 as(~하면서)가 적절합니다. 따라서 Looking at the night sky를 접속사절로 바꾸면 다음과 같습니다.

As we looked at the night sky, we talked about our future.

분사구문 앞에 명사가 있다면?

간혹 분사구문 앞에 주어인 명사가 있는 경우가 있는데, **주절의 주어와 분사구문(접속사절)의 주어가 일치하지 않는 경우**입니다. 사실 이런 문장은 굳이 분사구문으로 쓰지 않고 두 개의 절(접속사절과 주절)을 쓰는 것이 일반적이지만, 독해 지문에 이런 문장이 나오기 때문에 알아둬야 합니다.

The book selling well, the publisher decided to order a reprint.

책이 잘 팔려서, 그 출판사는 재판을 주문하기로 결정했다.

The book selling well은 현재분사구문으로, selling 앞에 명사 the book이 있습니다. 이것은 현재분사구문의 주어가 the book이라는 의미입니다. 이 현재분사구문은 다음 접속사 문장에서 온 것입니다.

Since the book sold well, the publisher decided to order a reprint.

02 분사구문에 주로 쓰이는 접속사의 의미

~하면서: While(~하는 동안, ~하는 도중에)
When/As(~할 때)

주절의 행동과 접속사절의 행동이 동시에 일어나는 것을 말합니다.

My dad was in the living room **watching TV**.

우리 아빠는 TV를 보면서 거실에 계셨다.

'거실에 있었다'와 'TV를 보면서'라는 행위가 동시에 일어났기 때문에 현재분사구문을 접속사절로 바꾸면 다음과 같습니다. 참고로, 현재분사구문은 이렇게 문장 뒤에 오기도 합니다.

My dad was in the living room **while he was watching TV**.

→ while he was watching TV를 분사구문으로 고치면 원래 being watching이 되어야 하지만, 이때의 being은 생략되어 쓰입니다.

Cooking dinner, I cut my finger.

저녁을 요리하다가 나는 손가락을 베었다.

→ '손가락을 베었다'라는 행위가 접속사절의 '요리를 하면서' 벌어진 일입니다. 현재분사구문을 접속사절로 바꾸면 다음과 같습니다.

When/While **I was cooking dinner**, I cut my finger.

독해 지문에서는 접속사의 뜻을 더 명확히 전달하기 위해 접속사(while/when)를 생략하지 않는 경우가 많습니다.

He broke his leg **while** **skiing**.
그는 스키를 타다가 다리가 부러졌다.

You should be careful **when** **using a knife**.
칼을 사용할 때는 조심해야 합니다.

～ 때문에: **because/as/since**

because/as/since는 주절의 행동이나 상태의 이유를 설명합니다.

Living in Busan, I can go to Haeundae every week.
부산에 살아서 나는 매주 해운대에 갈 수 있다.

→ '해운대에 갈 수 있다'의 이유인 '부산에 살기 때문에'가 현재분사구문으로 쓰였습니다. 접속사절로 바꾸면 다음과 같습니다.

Because I live in Busan, I can go to Haeundae every week.

Working hard, I have no time for boredom.
열심히 일하기 때문에, 나는 지루할 틈이 없다.

→ '지루할 틈이 없다'의 이유인 '열심히 일하기 때문에'가 현재분사구문으로 쓰였습니다. 접속사절로 바꾸면 다음과 같습니다.

Because I work hard, I have no time for boredom.

～한 뒤에: **after**

after는 주절의 행동보다 앞서 일어난 일을 설명합니다. 2가지 일을 그 순서대로 나열하여 '~하고 나서(현재분사구문) … 했다(주절)'라는 문장을 만듭니다.

V-ing(먼저 일어난 일), **주절**(그 다음에 일어난 일)

Turning off the light, I fell asleep.

불을 끄고 나서 나는 잠이 들었다.

→ '불을 끈' 행동을 하고 난 뒤 '잠이 들었다'는 행동이 일어났기 때문에, 2가지 일을 순서대로 나열했습니다. 현재분사구문을 접속사절로 바꾸면 다음과 같습니다.

After I turned off the light, I fell asleep.

Having heard that Peter won, his family started to cry.

Peter가 이겼다는 소식을 듣고, 그의 가족은 울기 시작했다.

→ '소식을 들었다'의 행동을 하고 '울기 시작했다'라는 행동이 일어났기 때문에, 두 가지 일을 순서대로 나열했습니다. 현재분사구문을 접속사절로 바꾸면 다음과 같습니다.

After they had heard that Peter won, his family started to cry.

* 접속사절의 시제와 주절의 시제가 일치하지 않을 때 현재분사구문은 having p.p.로 표현합니다. ('분사구문의 시제 조절' 참조)

그리고: and

and는 주절의 일이 일어난 뒤에 어떤 일이 일어났는지를 말해 줍니다.

두 사건을 순서대로 나열하는 현재분사구문은 일어난 일의 순서를 명확하게 하기 위해 주절 뒤에 둡니다.

주절(먼저 일어난 일), **V-ing**(그 다음에 일어난 일)

The bomb went off destroying the whole stadium.

폭탄이 터졌고, 전체 경기장을 무너뜨렸다.

→ 주절의 '폭탄이 터졌다'라는 일이 있고 난 뒤 '경기장이 무너졌다'라는 일이 일어났으며, 이 2가지 일을 순서대로 나열했습니다. 현재분사구문을 접속사절로 바꾸면 다음과 같습니다.

The bomb went off and it destroyed the whole stadium.

The light turned on itself all of a sudden, **turning off
immediately.**

불이 갑자기 혼자 켜지더니, 곧바로 꺼졌다.

→ 주절의 '불이 갑자기 켜졌다'라는 일이 있고 난 뒤 '곧바로 꺼졌다'라는 일이 일어났으며,
이 2가지 일을 순서대로 나열했습니다. 접속사절로 바꾸면 다음과 같습니다.

The light turned on itself all of a sudden, **and** it turned
off immediately.**

 다르게 읽어 보기

다음 지문 속 여러 가지 현재분사구문을 어떻게 파악하는 게 자연스러운지 생각해 보세요.

One night, Sara was running at the park preparing for the next marathon.
Passing by a big old tree, she found a box right next to it. It was not just
a regular paper box, but the one made of steel. Wanting to know what's
inside, she walked slowly towards it. Holding the box, she was a little
reluctant to open it, worrying that it might contain a dead animal. After
a little thought, she opened it and there was a small key. Wondering
what the key was for, she heard the old tree saying "Put that down and
go away". She dropped the box and started to run, feeling frightened.
Having heard a tree talking, she couldn't sleep that night.

어느 날 밤, Sara는 다음 마라톤을 준비하며 공원에서 달리고 있었다. 커다란 고목을 지날 때, 그녀는 나무 바로 옆에 있는 상
자 하나를 발견했다. 그건 그저 그런 종이 상자가 아닌 쇠로 만들어진 것이었다. 안에 무엇이 있는지 알고 싶어서, 그녀는 그
상자를 향해 천천히 걸어갔다. 상자를 들고, 상자에 죽은 동물이라도 담겨 있지는 않을까 걱정하며 그녀는 상자를 여는 것을
잠깐망설였다. 잠시 생각한 후에, 그녀는 상자를 열었고 거기에는 작은 열쇠가 있었다. 그 열쇠가 무슨 용도인지 궁금해하던
도중, 그녀는 그 고목이 "그거 내려 놓고 가 버려!"라고 말하는 것을 들었다. 그녀는 깜짝 놀라서 상자를 떨어뜨리고는 달려가
기 시작했다. 나무가 말하는 것을 듣고 Sara는 그날 밤 잠을 잘 수가 없었다.

One night, Sara was running at the park **preparing for the next marathon.**

주절과의 관계를 볼 때 '~하면서'라는 의미의 현재분사구문입니다.

→ as/while she was preparing for the next marathon

Passing by a big old tree, she found a box right next to it.

주절과의 관계를 볼 때 '~할 때'의 의미인 현재분사구문입니다.

→ When she was passing by a big old tree,

Wanting to know what's inside, she walked slowly towards it.

주절과의 관계를 볼 때 '때문에'라는 의미의 현재분사구문입니다.

→ Because/As/Since she wanted to know what's inside,

Holding the box, she was a little reluctant to open it, **worrying that it might contain a dead animal.**

첫 번째 Holding the box는 주절과의 관계를 볼 때 '~ 때'라는 의미의 현재분사구문입니다.

→ When she was holding the box

두 번째 worrying that it might contain a dead animal은 주절과의 관계를 볼 때 '~하면서'라는 의미의 현재분사구문입니다.

→ while/as she was worrying that it might contain a dead animal

Wondering what the key was for, she heard the old tree saying "Put that down and go away".

주절과의 관계를 볼 때 '~하면서'라는 의미의 현재분사구문입니다.

→ While/As she was wondering what the key was for,

She dropped the box and started to run, **feeling frightened.**

주절과의 관계를 볼 때 '~ 때문에'라는 의미의 현재분사구문입니다.

→ because/as/since she felt frightened

Having heard a tree talking, she couldn't sleep that night.

주절과의 관계를 볼 때 '~ 때문에'라는 의미의 현재분사구문입니다. 나무가 이야기한 걸 들은 것은 주절의 행위(그날 밤 잠을 못 잔 것)보다 한 시제 앞서 일어난 일이어서 having p.p.가 쓰였습니다.

→ Because/As/Since she had heard a tree talking,

UNIT 2

과거분사구문(p.p.)

과거분사구문(p.p.) 역시 현재분사구문(V-ing)처럼 절과 절을 이어주는 접속사절의 역할을 합니다.

> **Located in the middle of the Great Plains,** the gas station has very few passers-by.
> 대평원의 중간에 위치해 있어서 그 주유소는 통행자가 거의 없다.

Located in the middle of the Great Plains는 과거분사구문으로, 완전한 절(the gas station has very few passers-by) 앞에서 접속사절 역할을 합니다. 이때 과거분사구문을 접속사절(접속사 + 주어 + 동사)로 파악하는 법 역시 현재분사구문과 비슷합니다.

STEP 1 분사구문에 주어가 없다의 의미

과거분사 앞에 어떤 명사도 없다면, 주어는 주절의 주어와 동일하다는 의미이므로 과거분사구문의 주어는 주절의 주어인 the gas station.

STEP 2 p.p. 형태의 의미

과거분사구문의 동사는 과거분사의 특성상 반드시 수동태로 표현해야 하며, 시제 또한 주절의 시제와 같다는 점에 주의하세요. (시제가 다른 경우는 '분사구문의 시제' 참조) 따라서 p.p.의 동사는 locate, 주절의 시제는 단순현재(has)이므로 수동태 동사는 is located.

STEP 3 문맥으로 접속사 의미 확인하기

the gas station is located in the middle of the Great Plains. the gas station has very few passers-by에서 접속사는 '～ 때문에(because, as, since)'가 적절합니다. 따라서 Located in the middle of the Great Plains를 접속사절로 바꾸면 다음과 같습니다.

Because the gas station is located in the middle of the Great Plains, it (the gas station) has very few passers-by.

다양한 의미의 과거분사구문들

Raised among wolves, the little girl couldn't understand our language.

늑대들 사이에서 길러져서, 그 어린 소녀는 우리 언어를 이해하지 못했다.

→ (과거분사구문) '늑대들 사이에서 길러졌다'는 '소녀가 언어를 알아듣지 못했다'라는 사실의 이유입니다.

Because she was raised among wolves, ~

Preserved with care, this ancient document still looks like it was written recently.

신중히 보존되어서, 이 고대 문서는 마치 최근에 쓰인 것처럼 보인다.

→ (과거분사구문) '신중히 보존되었다'는 '최근에 쓰인 것처럼 보이는 문서 상태'의 이유입니다.

As it has been preserved with care, ~

Preserved with care, this pottery could serve more than a millennium.

신중히 보존한다면, 이 도자기는 1천 년 이상 자기 역할을 할 수도 있다.

→ (과거분사구문) '신중히 보존된다면'은 '천 년 이상 도자기 역할을 할 수 있다'의 조건을 말합니다.

If it is preserved with care, ~

Written in this way, your report will go right into a trash can.

이런 식으로 쓰면, 네 보고서는 곧바로 쓰레기통으로 갈 거야.

→ (과거분사구문) '이런 식으로 쓰이면'은 '당장 버려질 것이다'의 조건을 나타냅니다.

If it is written in this way, ~

 **다르게 읽어 보기**

다음 지문을 보며 각 과거분사구문이 어떤 접속사절로 파악되는지 확인해 보세요.

What is the best classroom learning environment? Although debated for a long time, this question is still hard to answer. Nevertheless, a few options that teachers could choose to make a BETTER class have been proposed.

Frist, an active communication between a teacher and students is what creates a rapport (a close and harmonious relationship) between the two. Proved to have a positive impact on learning, a good rapport has to be built in a classroom.

Second, the lesson should be student-oriented. When taught in a teacher-oriented way, the lesson is close to training, not learning.

Third, whenever it's possible, the class material should be chosen based on the students' interest. If chosen by the teacher, the material might not contain what the students want to learn.

Last but not least, the lesson itself should be productive. When the lesson is all about having fun, there's no learning to occur.

Combined all together, these 4 options will make your class the best class in the world.

최고의 교실 학습 환경은 무엇일까? 오랜 기간 논쟁이 되어 왔지만, 이 질문에 답을 하기는 여전히 어렵다. 그럼에도 불구하고, 교사들이 더 나은 수업을 하기 위해 선택할 수 있는 몇 가지 선택지들이 제안되어 왔다.
첫 번째, 교사와 학생 간 활발한 의사소통은 둘 사이의 라포르(가깝고 조화로운 관계)를 형성해 주는 것이다. 학습에 긍정적인 영향을 주는 것으로 증명되었기 때문에, 교실에서 좋은 라포르가 형성되어야 한다.
두 번째, 수업은 학생 중심이어야 한다. 교사 중심의 수업이 될 때, 그 수업은 학습이 아닌 훈련에 가깝다.
세 번째, 가능한 한 수업 자료는 학생들의 흥미를 기반으로 채택되어야 한다. 교사에게 채택된다면, 그 자료는 학생들이 배우고 싶어 하는 것을 담고 있지 않을 수 있다.
마지막이지만 중요한 점은, 수업 자체가 생산적이어야 한다. 수업이 그저 재미를 위한 것일 때는 어떠한 학습도 일어나지 않는다.
이 모든 것이 화합을 이룬다면, 이 4가지 선택지는 여러분의 수업을 세계에서 가장 좋은 수업으로 만들어 줄 것이다.

Although debated for a long time, this question is still hard to answer.

오랫동안 논쟁이 되어 왔음에도, 이 질문에 답을 하기는 여전히 어렵다.

과거분사구문에서 명확하게 의사를 전달하기 위해 접속사(although)가 생략되지 않았습니다.

→ Although it has been debated for a long time, ~

* 접속사절이 Although it has been debated로 원칙적으로는 분사구문에서 Although having been debated가 되어야 하지만, 원어민 화자들 사이에 being, having been이 쓰였다는 것을 서로 인지하고 있어서 생략해 씁니다.

Proved to have a positive impact on learning, a good rapport has to be built in a classroom.

학습에 긍정적인 영향을 주는 것으로 증명되었기 때문에, 교실에서 좋은 라포르가 형성되어야 한다.

→ Because it has been proved to have a positive impact on learning, ~

When taught in a teacher-oriented way, the lesson is close to training, not learning.

교사 중심의 수업이 될 때, 그 수업은 학습이 아닌 훈련에 가깝다.

과거분사구문에서 명확하게 의사를 전달하기 위해 접속사(When)가 생략되지 않았습니다.

→ When it is taught in a teacher-oriented way, ~

If chosen by the teacher, the material might not contain what the students want to learn.

교사에 의해 채택되면, 그 자료는 학생들이 배우고 싶어 하는 것을 담고 있지 않을 수 있다.

과거분사구문에서 명확하게 의사를 전달하기 위해 접속사(If)가 생략되지 않았습니다.

→ If it is chosen by the teacher, ~

Combined all together, these 4 options will make your class the best class in the world.

이 모든 것이 화합을 이룬다면, 이 4가지 선택지는 여러분의 수업을 세계에서 가장 좋은 수업으로 만들어 줄 것이다.

→ If/When they are combined all together, ~

UNIT 3 분사구문의 시제 조절

분사구문과 주절의 '시제가 다르다'는 것은 분사구문 속 행동이나 상태가 주절보다 한 시제 앞선 것입니다. 즉, 주절이 현재일 때 접속사절의 시제가 과거나 현재완료이거나, 주절이 과거일 때 접속사절의 시제가 과거완료일 경우를 말합니다. 이때는 having p.p./having been p.p.로 표현하는데, 한국식 문법책에서는 완료분사구문이라고 합니다.

to부정사 · 동명사 · 분사구문의 시제 조절

	전체 문장 시제와 일치	전체 문장 시제보다 하나 더 과거
부정사	to + 동사원형	to have p.p.
동명사	V + -ing	having p.p.
분사구문	V + -ing being p.p. (being은 생략)	having p.p. having been p.p. (having been은 생략)

01 문장에 쓰인 having p.p.의 의미

접속사절의 동사 시제가 주절보다 하나 더 앞설 경우입니다. 이때는 시제 조절 장치 have + p.p.를 활용하여 having p.p.로 표현합니다.

시제가 다를 때 현재분사구문 쓰는 법

접속사절 시제와 주절 시제가 동일할 때	V-ing
접속사절 시제가 주절 시제보다 한 시제 앞설 때	having p.p.

Having studied overnight, I feel dizzy now.
밤새 공부를 해서, 나는 지금 어지럽다.

Having p.p.가 나오는 절을 보면 '아, 뒤에 나오는 주절보다 먼저 발생한 행동이구나'를 파악하면 됩니다. 즉, 여기서는 접속사절에 쓰인 시제가 주절의 시제인 단순현재(feel)보다 한 시제 앞선 과거라는 뜻입니다.

As I studied overnight, I feel dizzy now.

Having finished writing the book, he immediately went to his hometown to get some rest.
책 집필을 끝내자마자, 그는 휴식을 취하기 위해 곧바로 고향으로 갔다.

분사구문이 Having p.p.로 쓰였다는 것은 접속사절에 쓰인 시제가 주절의 시제인 단순과거(went)보다 한 시제 앞선 과거완료라는 뜻입니다.

As soon as he had finished writing his book, he immediately went to his hometown to get some rest.

02 문장에 쓰인 (having been) p.p.의 의미

주절의 시제보다 하나 더 과거 시제인 과거분사구문은 원칙적으로 having been p.p.를 써야 하지만, 보통 having been은 생략되고 p.p.만 남게 되어 과거분사구문은 주절과 시제가 같든 다르든 p.p.를 씁니다. 이때는 주절의 시제와 맥락을 보고 과거분사구문이 주절과 동일한 시제인지, 혹은 한 시제 앞선 것인지 이해해야 합니다. 물론 과거분사구문에 일어난 일이 한 시제 앞선 일임을 확실히 밝히고 싶을 때는 having been을 생략하지 않습니다.

> **(Having been) Born in 1910**, my mom is the oldest person in the city.
> 1910년에 태어나셔서, 우리 어머니는 도시에서 가장 고령자이다.

과거분사구문 Born in 1910은 주절과의 의미 관계로 볼 때 시제는 과거여야 합니다.

Since she was born in 1910, **my mom is the oldest person in the city.**

> **Rejected by the college**, my cousin has been depressed.
> 대학에서 거절당한 뒤, 내 사촌은 우울해하고 있다.

과거분사구문 Rejected by the college는 주절과 의미 관계로 볼 때 과거 시제입니다.

Since my cousin was rejected by the college, **my cousin has been depressed.**

> **(Having been) Falsely accused**, he had to spend 20 years in jail.
>
> 억울한 누명을 쓴 뒤, 그는 20년을 감옥에서 보내야 했다.

과거분사구문 (Having been) Falsely accused는 주절과의 의미 관계로 볼 때 시제는 과거완료여야 합니다.

After he had been falsely accused, **he had to spend 20 years in jail.**

다르게 읽어 보기

다음 지문에 쓰인 분사구문과 주절의 시제 차이를 확인해 보세요.

Two years ago, one sunny afternoon at Dodger Stadium, Henry was waiting for his turn. Having trained so hard, he was fully ready for the fitness test. While feeling a little nervous, he also felt overwhelmed to find himself in a position that he had been dreaming of. After a few minutes, he got called. He reminded himself of all those hard trainings in his head entering the test room. Lining up with other test takers, he talked to himself that no one in this room could be better than himself. Having watched him beating other test takers without difficulty, the club members decided to pick up Henry. He hasn't changed a little since then and still trains harder than anyone else. Now he is considered to be the best pitcher in MLB history.

2년 전, 어느 화창한 오후 다저스 스타디움에서 Henry는 자기 차례를 기다리고 있었다. 굉장히 열심히 훈련을 해 왔기 때문에, 그는 체력 테스트에 만반의 준비가 되어 있었다. 약간 긴장이 되면서 동시에, 그는 자신이 꿈꿔 왔던 자리에 있다는 것에 벅찬 감정도 느꼈다. 몇 분 뒤, 그는 호명을 받았다. 테스트실에 들어가면서 그는 그 모든 힘든 훈련을 머릿속으로 복기했다. 다른 테스트 참가자와 함께 줄 서 있을 때, 그는 스스로에게 이 방에 있는 그 누구도 자신보다 잘할 수 없다고 혼잣말을 했다. 그가 다른 참가자들을 별 어려움 없이 이기는 걸 보고 나서, 다저스 클럽 멤버들은 Henry를 뽑기로 했다. 그 이후에도 Henry는 조금도 변하지 않고 그 누구보다 열심히 훈련을 해 오고 있다. 지금 그는 메이저리그 야구 역사상 가장 위대한 투수로 여겨지고 있다.

Having trained so hard, he was fully ready for the fitness test.
주절보다 한 시제 앞서 일어났음을 뜻하며, 접속사절에서 과거완료시제가 쓰였습니다.

→ As he had trained so hard,

While feeling a little nervous, he also felt overwhelmed to find himself in a position that he had been dreaming of.
현재분사구문이며 주절과 같은 시제가 쓰였습니다.

→ While he felt a little nervous,

He reminded himself of all those hard trainings in his head **entering the test room**.
현재분사구문이며 주절과 같은 시제가 쓰였습니다.

→ as he entered the test room

Lining up with other test takers, he talked to himself that no one in this room could be better than himself.
현재분사구문이며 주절과 같은 시제가 쓰였습니다.

⟶ When he lined up with other test takers,

Having watched him beating other test takers without difficulty, the club members decided to pick up Henry.
주절보다 한 시제 앞서 일어났음을 뜻하며, 접속사절에서 과거완료시제가 쓰였습니다.

⟶ After they had watched him beating other test takers without difficulty,

UNIT 4

영어 문장에 쓰이는 V-ing

영어에서 나오는 다양한 V-ing 형태를 정확히 구별할 수 있으면, 독해는 물론, 듣기, 쓰기, 말하기 영역 모두에 크게 도움이 됩니다.

영어에서 V-ing는 다음 4가지로 활용됩니다.

V-ing의 4가지 활용

진행형의 V-ing	동사 역할(반드시 be동사와 함께 사용)
	Katie **is talking** on the phone with her client. Katie는 자기 의뢰인과 통화 중이다.
동명사의 V-ing	명사 역할
	Buying local products can produce less pollution and make communities more productive. 지역 상품 구매가 오염을 줄이고 지역 사회를 더 생산적으로 만들 수 있다.
현재분사의 V-ing	형용사 역할
	Fossil fuels **releasing** carbon dioxide into the air will be strictly controlled from next year. 공기 중으로 이산화탄소를 뿜어내는 화석 연료는 내년부터 엄격히 통제될 것이다.
현재분사구문의 V-ing	접속사절 역할
	Turning around, I was surprised to see my childhood friends in front of me. 돌아보고서, 나는 내 앞에 있는 어릴 적 친구들을 보고 깜짝 놀랐다.

01 진행형의 V-ing: 동사 역할

진행형의 V-ing는 다른 V-ing와 쉽게 구별할 수 있는데, 동사로 활용되는
진행형은 반드시 be동사와 함께(be동사 + V-ing) 쓰입니다.

진행형의 V-ing형	be동사 + V-ing
	~하는 중이다

I was driving on a freeway.
나는 고속도로를 달리는 중이었다. **(과거진행형)**

My cat **is licking** itself.
내 고양이가 자기 몸을 핥고 있다. **(현재진행형)**

The trees **were swaying** in the wind.
나무들이 바람에 흔들리고 있었다. **(과거진행형)**

02 동명사의 V-ing: 명사 역할

V-ing가 명사 자리(동사 앞, 동사 뒤, 전치사 뒤)에 오며 '~하는 것'이라고 해
석합니다.

동명사의 V-ing	명사 자리에 V-ing
	~하는 것

Being consistent is the most important.
꾸준한 것이 가장 중요하다. **(동사 앞 주어)**

What I hate the most is **being around strangers**.
내가 가장 싫어하는 것은 모르는 사람과 함께 있는 것이다. **(동사 뒤 보어)**

You should stop **regretting** and start **moving on**.

후회하는 것을 멈추고 나아가는 것을 시작해야 한다. (둘 다 동사 뒤 목적어)

I was obsessed with **collecting** old coins.

난 오래된 동전을 모으는 것에 집착했었다. (전치사 뒤 목적어)

be동사 뒤의 V-ing : 동명사 vs. 진행형

V-ing가 be동사 뒤에 올 때, 그것이 진행형인지 동명사인지는 해석을 통해, 그리고 '주어 = 보어' 관계를 통해 구별합니다.

진행형 V-ing	~하는 중이다	주어 = 보어 관계 X
동명사 V-ing	~하는 것	주어 = 보어 관계 O

The wisest way to end a conversation is **giving thanks**.

대화를 끝내는 가장 현명한 방법은 감사를 표하는 것이다.

→ 동명사 / 주어(가장 현명한 방법) = 보어(감사를 표하는 것)

My father was **giving thanks** to everyone.

우리 아버지는 모두에게 감사를 표하는 중이었다.

→ 진행형 / 주어(나의 아버지) ≠ 보어(감사를 표하는 중)

My morning routine is **having a conversation** with my daughter.

나의 아침 일상은 딸과 대화하는 것이다.

→ 동명사 / 주어(나의 아침 일상) = 보어(딸과 대화하는 것)

My wife is **having a conversation** with my daughter.

아내가 딸과 대화하고 있다.

→ 진행형 / 주어(나의 아내) ≠ 보어(딸과 대화하는 중)

03   현재분사의 V-ing: 형용사 역할

현재분사의 V-ing를 확인하기 위해서는 다음 두 가지 조건을 따집니다.

현재분사의 V-ing	**1. V-ing가 진행형도 동명사도 아닐 때**
	V-ing가 be동사 뒤에서 '~하는 중'의 진행형도 아니고, 명사 자리에서 '~하는 것'으로도 해석되지 않을 때
	2. V-ing 앞 혹은 뒤에 명사가 있을 때

I hate <u>people</u> **talking** loudly in a public place.

나는 공공장소에서 시끄럽게 얘기하는 사람들이 싫어.

When I looked up at the sky, there was a flock of <u>birds</u> **floating** freely.

내가 하늘을 올려다봤을 때, 자유로이 떠다니는 한 무리의 새들이 있었다.

→ 두 문장에서 V-ing인 talking과 floating은 모두 바로 앞에 be동사가 없어서 진행형 동사가 아니고, 명사 자리에 쓰이지도 않아서 동명사도 아닙니다. 따라서 앞에 있던 명사 people과 birds를 꾸미는 현재분사(형용사)입니다.

04   현재분사구문의 V-ing: 접속사절 역할

보통 완전한 절 앞에 V-ing로 시작되는 현재분사구문이 있고, 완전한 절과 구분하기 위해 콤마(,)가 찍혀 있습니다. 이때 V-ing는 접속사절의 기능을 하는 현재분사구문입니다.

현재분사구문	보통 절 앞에 위치하며, 콤마가 찍혀 있다.
	접속사절의 기능을 한다.

Being friendly and smart, he is popular at school.

친절하고 똑똑해서, 그는 학교에서 인기가 많다.

→ Being friendly and smart는 완전한 절(he is popular at school) 앞에 있고, 콤마(,)로 구분되어 있는 현재분사구문이며, Because he is friendly and smart의 의미입니다.

Stepping out of the camp, I felt freedom.

캠프에서 나오자마자, 나는 자유를 느꼈다.

→ Stepping out of the camp는 완전한 절(I felt freedom) 앞에 있고, 콤마(,)로 구분되어 있는 현재분사구문이며, As soon as I stepped out of the camp의 의미입니다.

Having won the last competition, I am the best player in the world.

지난 대회에서 우승했으므로, 나는 세계 최고의 선수이다.

→ Having won the last competition은 완전한 절(I am the best player in the world) 앞에 있고, 콤마(,)로 구분되어 있는 현재분사구문이며 주절보다 한 시제 앞서 일어난 일이어서 having p.p.를 씁니다. As I won the last competition의 의미입니다.

현재분사구문이 완전한 절 바로 뒤에 올 때

현재분사구문으로 쓰인 V-ing가 항상 절 앞에만 오는 것은 아닙니다. 절 바로 뒤에서 쓰이기도 하는데, 이때는 절과의 경계를 표시하는 콤마(,)도 잘 쓰이지 않기 때문에 주의해야 합니다.

I was killing some time **reading a book**.

나는 책을 읽으면서 시간을 보내고 있었다.

→ killing이 진행형으로 쓰인 것(be + V-ing)은 쉽게 알 수 있습니다. reading은 앞에 be동사도 없고, 놓인 자리가 명사 자리도 아니기 때문에 진행형과 동명사는 아닙니다. 형용사인 현재분사로 쓰였을 수도 있지만, 해석상 reading my book이 앞에 있는 time을 꾸미는 것은 매우 어색(책을 읽고 있는 시간?)하므로 현재분사도 아닙니다. 이때는 접속사절(while I was reading a book) 역할을 하는 현재분사구문으로 쓰인 것입니다.

The researchers were working hard **wanting to prove their presumption was correct**.

연구진들은 자신들의 추정이 옳았다는 것을 증명하고 싶어서 열심히 연구하고 있었다.

→ working은 be동사와 함께 쓰여 '~하는 중이었다'의 의미로, 과거진행형의 V-ing입니다. wanting은 앞에 be동사도 없고, 명사 자리도 아니므로 현재분사 혹은 현재분사구문이지만, 형용사 역할인 현재분사가 되려면 그 앞에 명사가 있어야 하는데, working hard는 명사가 아닙니다. 따라서 wanting ~은 접속사절 (because they wanted to prove their presumption was correct) 역할을 하는 현재분사구문입니다.

지문에서 표시된 V-ing가 어떤 용법으로 쓰였는지 파악해 보세요.

As global warming continues to change the climate, the Arctic sea ice is melting. Comparing the size of it now with that of it a few decades ago, we could know the huge difference with our naked eyes. To stop this from happening anymore, we should stop burning fossil fuels, consuming meat and using disposable items. We can also use reusable containers or cloth bags, when going to a grocery store. Putting these pieces of advice into action is not really hard. Start now and save our planet.

지구 온난화가 기후를 계속 변화시키면서, 북극해의 빙하가 녹고 있다. 현재의 크기와 수십 년 전의 빙하 크기를 비교해 보면, 육안으로 그 엄청난 차이를 알 수 있다. 더 이상 이런 일이 일어나지 않도록 하기 위해, 우리는 화석 연료를 태우는 것, 육류를 소비하는 것, 일회용품 사용하는 것을 멈추어야 한다. 또 식료품점에 갈 때 재사용 가능한 용기나 천으로 된 장바구니 가방을 사용할 수도 있다. 이러한 조언들을 행동에 옮기는 것은 정말로 힘든 일이 아니다. 지금 바로 시작하여 우리 지구를 구하자.

the Arctic sea ice is melting
V-ing 앞에 be동사가 있는 현재진행형으로 쓰여 동사 역할을 합니다.

Comparing the size of it now with that of it a few decades ago, ~
V-ing는 현재분사구문으로 접속사절로 바꾸면 다음과 같습니다.

→ When/If we compare the size of ~ a few decades ago

To stop this from **happening** anymore,
전치사 from 뒤에 위치하는 '명사' 자리여서 V-ing는 전치사의 목적어로 쓰인 동명사입니다.
stop A from V-ing는 'A가 V-ing하지 못하도록 하다, 막다'의 뜻입니다.

we should stop **burning** fossil fuels, **consuming** meat and **using** disposable items.
3개의 V-ing는 모두 동사 stop 뒤의 목적어 자리에 쓰인 동명사입니다.

We can also use ~, when **going** to a grocery store.
when을 생략하지 않은 현재분사구문이며, 접속사절로 바꾸면 다음과 같습니다.

→ when we go to a grocery store

Putting these pieces of advice into action is not really hard.
V-ing는 동사 is 앞의 명사 자리에서 주어로 쓰인 동명사입니다.

PART
3

접속사와 관련된 문법

CHAPTER 1 시제 결합으로 의도가 달라지는 가정법

접속이란 건 서로 이어준다는 뜻입니다. 그래서 접속사는 서로 이어주는 단어인데요, 이어주는 게 뭐냐에 따라 성질이 조금 다릅니다.

절과 절, 구와 구, 단어와 단어 즉, 대등한 것을 이어주는 접속사(and, but, or, for)가 있고, 주절과 주절이 아닌 절(종속절)을 이어주는 접속사(when, if, as …) 등이 있는데, 여기서는 후자에 속하는 접속사를 칭합니다. 또 접속사의 본질적인 역할과 비슷하게 쓰이는 접속사들의 차이점, 그리고 그 차이점으로 인해 발생하는 문장의 의도 차이를 알아봅니다.

접속사와 관련된 문법 중 그 첫 번째가 바로 가정법입니다. 가정법이야말로 한국식 영문법이 잘못된 방향으로 전달하고 있는 대표적인 문법 사항입니다. 그래서 영어를 어느 정도 공부한 학습자들도 가정법을 많이 어려워합니다.

여기서는 가정법 과거, 가정법 현재, 가정법 과거완료 등 혼란을 줄 수 있는 기존 문법의 명칭이 아니라 0(zero) 가정법, 1(first) 가정법, 2(second) 가정법, 3(third) 가정법으로 나누어 설명하고자 합니다. 문장을 필자와 화자의 의도에 맞게 이해하는 것이 중요하지 용어가 중요한 것은 아니기 때문입니다.

4가지 가정법을 배울 때 주의해야 할 점은, 각 가정법에 쓰인 2개의 시제를 반드시 주의 깊게 보고 학습해야 한다는 점입니다. 그 이유는 각 가정법이 전달하고자 하는 의도가 분명히 다르고, 그 의도는 바로 2개의 시제를 통해 조절하기 때문입니다. 그럼 본격적으로 가정법을 시작합니다.

UNIT 1

0가정법(Zero Conditional)

다음 0가정법 문장을 보면서 0가정법을 쓰는 경우를 생각해 보세요.

If winter comes, bears hibernate.
겨울이 오면, 곰은 동면을 한다.

If I drink too much coffee, I can't sleep at night.
커피를 너무 많이 마시면, 나는 밤에 잠을 못 잔다.

If you don't use this machine for 10 minutes, it goes off automatically.
이 기계를 10분간 사용하지 않으면, 기계는 자동으로 꺼진다.

이 문장들의 공통점은 '일반적인 사실 혹은 사람이나 동물, 물건에 대한 정보 전달'입니다. 각 문장에서 If절과 주절 문장에 쓰인 2가지 시제는 둘 다 단순현재 시제입니다. 단순현재 시제의 본래 의도가 사실 전달에 있음을 알면, 0가정법을 더 쉽게 이해할 수 있습니다. 따라서 0가정법은 다음과 같이 정리합니다.

0가정법이 쓰이는 경우	과학적 사실 혹은 일반적으로 받아들여지는 사실을 얘기할 때	
0가정법에 쓰이는 시제	If절: 단순현재 시제	주절: 단순현재 시제

0가정법에서 if 대신 when을 쓰기도 한다

'사실 전달'의 측면 때문에, 0가정법은 Fact를 전하는 다른 접속사를 써도 괜찮습니다. 대표적인 접속사가 when인데, when을 쓰면 if보다 더 사실에 가까운 의미를 전합니다.

When winter comes, bears hibernate. 겨울이 오면, 곰은 동면을 한다.

When I drink too much coffee, I can't sleep at night.
커피를 너무 많이 마시면, 나는 밤에 잠을 못 잔다.

When you don't use this machine for 10 minutes, it goes off automatically.
이 기계를 10분간 사용하지 않으면, 기계는 자동으로 꺼진다.

🔍 다르게 읽어 보기

다음 지문 속 0가정법을 보며 해당 표현들이 0가정법으로 쓰인 의도를 확인해 보세요.

Here are must-knows before you let your cats mess around your house.

1. If cats purr, it means they are happy. However, they sometimes purr if (= when) they are stressed. Yes, cats are cats.

2. If you feed cats raw meat, it causes food poisoning.

3. Can we hold cats in our arms? Yes, they like it only if (= when) you hold them right. So, if you don't know how, please don't try.

4. If (= When) you pet your cat, it provides some pleasure experience. Pet them gently when they are free.

5. If (= When) your cat stares at you without blinking, that means "I'm the dominant one in our relationship."

고양이가 집을 난장판으로 해놓기 전에 반드시 알아야 할 것들입니다.
1. 고양이가 그르릉거리면, 행복하다는 뜻입니다. 하지만 가끔은 고양이는 스트레스를 받을 때도 그르렁거립니다. 그렇습니다. 고양이는 고양이예요.
2. 고양이에게 날고기를 주면, 식중독을 일으킵니다.
3. 고양이를 팔로 안아도 될까요? 네, 제대로 안으면 고양이가 좋아합니다. 그러니 어떻게 안는지 모른다면, 시도하지 마세요.
4. 고양이를 쓰다듬으면, 그게 행복감을 줍니다. 고양이가 아무것도 하지 않을 때 부드럽게 쓰다듬어 주세요.
5. 고양이가 눈도 깜빡이지 않고 당신을 계속 쳐다보면, 그것은 '내가 우리 관계에서 우위에 있어'라는 뜻입니다.

1~5번 문장에는 모두 0가정법이 있습니다. 그 이유는 해당 사항이 모두 '고양이에 대한 사실'이기 때문입니다. 따라서 접속사 if를 when으로 바꿔도 의미는 같습니다.

UNIT 2

1가정법(First Conditional)

▎01 앞으로 일어날 가능성이 높거나 거의 확실히 일어날 일을 말할 때

다음 1가정법 문장을 보며 1가정법을 쓰는 경우를 생각해 보세요.

If the class is over, I'm going to go to the library for the test tomorrow.
수업 끝나면, 나는 내일 치를 시험 공부하러 도서관에 갈 거야.

If my presentation goes well, I'll get promoted next month.
내 발표가 잘되면, 나는 다음달에 승진할 거야.

If the Brazilian national team wins, they will be the top of the competition.
브라질 국가대표 팀이 이기면, 그들이 대회 1등이 될 거야.

모두 어떤 행동이 취해질 때 앞으로 일어날 가능성이 높거나 거의 확실히 일어날 일을 전달합니다. 위의 문장들에서 If절과 주절 문장에 쓰인 2가지 시제는 if절은 단순현재, 주절은 미래 시제입니다. 따라서 1가정법은 다음과 같이 정리합니다.

1가정법이 쓰이는 경우	미래에 일어날 확실성이 높은 일을 말할 때	
1가정법에 쓰이는 시제	If절: 단순현재 시제	주절: 미래 시제

미래 시제는 의도에 따라 will 혹은 be going to를 사용합니다. 순간적인 결정이나 앞으로 일어날 일에 대한 약속은 will, 미리 정해진 일을 말하거나 어떤 일을 하겠다는 본인의 의지를 나타낼 때는 be going to를 씁니다.

02 if 대신 쓰이는 다양한 접속사

when

1가정법 역시 0가정법처럼 어떤 일이 일어날 확률이 더 높거나 그렇다고 생각할 때 if 대신 when을 쓸 수 있습니다. if를 쓴 문장과 when을 쓴 문장 사이의 미묘한 차이를 느껴 보세요.

1. **If** the facility is constructed in our town, the residents will be happy with it.

2. **When** the facility is constructed in our town, the residents will be happy with it.

두 문장 모두 '그 시설이 우리 마을에 지어지면, 주민들이 만족할 것이다'의 의미입니다. 두 문장 모두 그 시설이 우리 마을에 지어질 확실성이 있는 상황에서 쓰이지만, When을 쓸 경우, 이미 시설이 지어지는 것이 확정되었거나 거의 100% 확실성을 가지고 말한다는 화자의 의도가 드러납니다. If는 그 정도까지의 확실성은 아님을 의도합니다.

as soon as, after 등

1가정법은 '~하면 … 할 것이다' 처럼 어떤 조건이 주어질 때 미래에 일어나거나 일어날 가능성이 높은 일을 전달합니다. 따라서 if/when 외에 앞으로 일어날 일의 조건을 나타내는 다양한 접속사를 쓸 수 있습니다.

As soon as Jack arrives, we will go.
Jack이 도착하는 대로 우리는 출발할 거야. (as soon as: ~하자마자, ~하는 대로)

After I'm done with my homework, I'll call you.
내가 숙제를 끝내고 난 뒤에 전화할게. (after: ~한 뒤에)

P L U S

> ### 조건의 부사절에서는 현재 시제가 미래 시제를 대신한다?
>
> 다음 문장에 대한 한국식 문법 설명과 1가정법 설명을 비교하고, 어떤 것이 더 이해하기 쉽고 효율적인지 생각해 보세요.
>
> ### If it rains tomorrow, we will stay at home.
> 내일 비가 오면, 우린 집에 있을 거야.
>
> #### 1. 한국식 문법 설명
> If it rains tomorrow는 조건을 나타내는 If로 시작하는 절이며, 주절 앞에 쓰인 부사절입니다. 여기서 주절의 시제는 미래(will stay)이기 때문에 부사절에도 미래 시제를 써야 하지만, 조건의 부사절에서는 현재 시제가 미래 시제를 대신합니다.
>
> #### 2. 1가정법 설명
> If 가정법에서 미래에 일어날 확실성이 높은 사실을 전달할 때는 1가정법을 쓰는데, 이때 if절에는 현재 시제, 주절에는 미래 시제를 씁니다.
>
> 어느 설명이 더 이해하기 쉬운가요? 1가정법을 아는 것이 이해하기 훨씬 쉽고, 활용도도 훨씬 높습니다. 1가정법이 이해됐다면 예전의 '조건의 부사절' 설명은 잊으세요.

| 03   0가정법과 1가정법의 어감 차이

같은 말을 0가정법과 1가정법으로 할 때 어떤 차이가 있을까요?

1. If you <u>misbehave</u> again, you**'re** out of this house.   (0가정법)

2. If you <u>misbehave</u> again, you **will be** out of this house.   (1가정법)

문장 1은 if절이 단순현재 시제(misbehave), 주절도 단순현재 시제(are)이므로 0가정법입니다. 0가정법은 정해진 사실을 전달하기에 문장 1은

"한 번만 더 말썽 피우면 넌 집에서 나가는 거야(이건 규칙이야)."의 뜻입니다.

반면 문장 2는 if절이 단순현재 시제(misbehave), 주절은 미래 시제(will be)이므로 1가정법입니다. 1가정법은 if절의 일이 발생할 때 앞으로 일어나거나 일어날 가능성이 높은 일을 전달합니다. 따라서 해당 예문은 "한 번만 더 말썽 피우면, 넌 집에서 나가야 할 거야(그럴 가능성이 높아)."를 뜻합니다.

3. If/When I <u>leave</u> home, my dog **cries**. (0가정법)

4. If/When I <u>leave</u> home, my dog **will cry**. (1가정법)

문장 3은 If/When절이 단순현재 시제(leave), 주절도 단순현재 시제(cries)이므로 0가정법입니다. 0가정법은 정해진 사실을 전달하기에 해당 예문은 "내가 집을 나서면 내 개는 운다."로, 내가 집을 나갈 때마다 개가 우는 게 사실일 때 씁니다.

반면 문장 4는 If/When절이 단순현재 시제(leave), 주절은 미래 시제(will cry)이므로 1가정법입니다. 1가정법은 if절의 일이 발생할 때 앞으로 생기거나 생길 가능성이 높은 일을 전달합니다. 따라서 해당 예문은 "내가 집을 나서면 내 개가 울 거야(그럴 가능성이 높아)."의 뜻이며, 여기서는 내가 집을 나갈 때마다 개가 운다는 사실은 알 수 없습니다.

다음 대화에서 1가정법이 쓰인 이유를 확인해 보세요.

Sean: Hey, are you free tonight?

Peter: I think I'll be jammed with my work. Why?

Sean: Oh, that's bad. You remember Mike? We all went to high school together. We are catching up tonight.

Peter: Of course, I know Mike! We were quite close back then. Okay then, I'll call you as soon as I finish my work. It won't be very late. What time do you guys meet?

Sean: Around 9, I guess. Mike will text me when he gets here.

Peter: Great! And where?

Sean: We'll talk about it later when we meet. I'll text you when it's fixed.

Peter: Cool! See you later then!

Sean: 야, 너 오늘 밤에 시간 좀 있어?
Peter: 일 때문에 엄청 바쁠 것 같은데. 왜?
Sean: 이런, 안됐구먼. 너 Mike 기억나? 우리 고등학교 같이 다녔잖아. 오늘 밤에 같이 놀 거거든.
Peter: Mike 당연히 알지! 그때 꽤나 친했는데. 그럼 일 마치는 대로 내가 전화할게. 많이 늦진 않을 거야. 몇 시에 만나?
Sean: 한 9시쯤. Mike가 여기 도착하면 문자 줄 거야.
Peter: 좋아! 어디서?
Sean: 만나면 나중에 얘기하려고. 정해지면 문자 보낼게.
Peter: 좋아! 나중에 봐!

대화에 쓰인 1가정법들은 모두 미래에 있을 약속에 관한 문장들이며, 어떤 행동이 취해질 때 일어날 가능성이 높은 일이어서 1가정법으로 표현되었습니다.

2가정법(Second Conditional)

01 현재나 미래 상황에 대한 상상 및 가정

다음 2가정법 문장을 보며 2가정법을 쓰는 경우를 생각해 보세요.

If I were you, I wouldn't say that.
내가 너라면, 그렇게 말하진 않겠어.

If I could live in another city, I would live in Rome.
다른 도시에 살 수 있다면, 난 로마에 살겠어.

If the Earth stopped spinning, what would happen?
지구가 회전을 멈춘다면, 무슨 일이 일어날까?

If the world were without a feeling of hate, it would be a much better place to live in.
세상에 미움의 감정이 없다면, 훨씬 더 살기 좋은 곳일 것이다.

모두 현재 혹은 미래 상황에 대한 상상 혹은 가정입니다. 현실이 아닌 일을 상상하거나 가정해 보는 것이죠. 문장에서 If절은 단순과거 시제, 주절은 'would/could + 동사원형'이 쓰였습니다. 따라서 2가정법은 다음과 같이 정리합니다.

2가정법이 쓰이는 경우	현재 혹은 미래 상황에 대한 상상이나 가정	
2가정법에 쓰이는 시제	If절: 단순과거 시제 (be동사의 경우 were)	주절: would/could + 동사원형

여기서 단순과거 시제는 시제로 이해하지 않고, 2가정법을 만들기 위한 장치로 이해하면 됩니다.

02 If 주어 were vs. If 주어 was

한국식 영문법 책에는 2가정법의 If절에 be동사가 쓰일 때는 주어가 무엇이든 were를 쓴다고 나옵니다. 하지만 영어를 접하다 보면 "If I was/If she was …" 등의 문장도 자주 보이는데요, 이 두 표현의 차이점은 무엇일까요?

If 주어 were

If절에 be동사를 쓰면 주어에 상관없이 were를 쓰는 게 2가정법의 '전형'이라고 보면 됩니다. 즉, '현실 가능성이 없거나 낮다고 생각하는 일, 또는 아예 현실이 아닌 일을 가정할 때' were를 쓰는 것입니다.

> If I **were** you, I wouldn't say that to your dad.
> 내가 너라면, 아버지한테 그렇게 얘기는 안 할 거야.

> If my dog **were** alive, he would really like you.
> 내 강아지가 살아 있다면, 널 정말 좋아할 거야.

If 주어 was

문법적으로는 'If 주어 were'가 맞지만, 많은 원어민들이 'If 주어 was'로도 많이 씁니다. 그래서 'If 주어 was'로 쓴 것도 맞는 것으로 봐야 한다는 의견도 있습니다. 소설이나 회화체에서 원어민들이 굉장히 많이 쓰지요. 하지만 엄격한 문법의 잣대를 들이대면 틀린 표현으로 보기도 한다는 것은 알아두세요. 또 가정법과 무관하게 다음처럼 쓰이는 경우도 있습니다.

> If I was rude, I apologize.   무례했다면 사과드립니다.
> → '과거에 무례했을지도 모르니, 만약 그랬다면 사과할게요'의 어감입니다.

03 상황에 따라 쓰는 1가정법 vs. 2가정법

다음 문장들을 비교해 보세요.

1. **If/When I have** some time this weekend, **I'll help** you paint the house.

   주말에 시간 좀 있으면, 너 집 페인트칠 하는 거 도와줄게. (확실한 어조) **(1가정법)**

2. **If I had** some time this weekend, **I could help** you paint the house.

   주말에 시간 좀 있으면 내가 도와줄 수 있을 텐데. (없어서 안타까운 어조) **(2가정법)**

→ 문장 1: 주말에 시간이 있거나 있을 가능성이 높은 상황입니다.
→ 문장 2: 주말에 시간이 없거나 없을 가능성이 높은 상황입니다.

3. **If/When we have** a garden, we **will plant** some trees.

   우리 정원이 생기면, 나무 좀 심어야지. (곧 생길 것임) **(1가정법)**

4. **If we had** a garden, we **would plant** some trees.

   우리한테 정원이 있으면 나무도 좀 심을 텐데. (그저 상상) **(2가정법)**

→ 문장 3: 집에 정원이 있을 예정인(정원 딸린 집에 이사 가거나 집을 짓고 있는) 상황입니다.
→ 문장 4: 집에 정원이 있는 상상을 하는 상황입니다. (지금 집엔 정원이 없음)

다음 상황이 1가정법인지, 2가정법인지 확인해 보세요.

상황 1: 야근해야 하는 상황

Tom은 7시가 퇴근 시간이지만 남은 업무가 많아서 야근을 해야 한다. 이때 친구 Henry가 다른 친구들과 같이 있으니 일 마치고 오라고 한다. Tom은 Henry에게 **"7시까지 일을 끝낼 수 있으면 거기로 갈 건데."** 라고 말한다.

Tom은 7시까지 일을 마칠 확실성이 낮으므로, 2가정법으로 Henry에게 다음과 말할 수 있습니다.
→ If I **finished** work by 7, I **would go** there to join you.

상황 2: 정시 퇴근하는 상황

Tom은 7시가 퇴근 시간이고, 남은 업무가 별로 없어서 정시 퇴근할 예정이다. 이때 친구 Henry가 다른 친구들과 같이 있으니 일 마치고 오라고 한다. Tom은 Henry에게 **"7시까지 일 끝내면 거기로 갈게!"** 라고 말한다.

Tom은 7시까지 일을 마칠 확실성이 높으므로, 1가정법을 사용해 Henry에게 다음과 말할 수 있습니다.
→ **If/When I finish** work by 7, I **will go** there to join you.

다음 지문의 대부분이 2가정법으로 되어 있는 이유와 그 의미를 확인해 보세요.

What would happen if all bees went extinct?

Bees are known as critical pollinators, which means they are responsible for the most part of crop yields every year.

What would really happen if these essential species went extinct?

The food chain would be directly disrupted. Without bees, the bottom plants would have few means for pollination. This means the second bottom line animals would have no food to eat, and this would affect the next line and the next again. This would eventually lead humans to famine because without bees, our supermarket shelves would only be half-full.

We should protect bees at all costs so our ecosystem operates well.

벌이 다 멸종된다면 어떤 일이 일어날까?
벌은 필수 수분자로 알려져 있으며, 이는 매년 작물 수확량의 대부분을 벌이 책임지고 있다는 의미이다.
이 중요한 필수 종이 멸종된다면 실제 어떤 일이 일어날까?
먹이사슬이 직접적으로 지장을 받을 것이다. 벌이 없다면, 가장 아래층에 있는 식물은 수분을 할 수 있는 수단이 거의 없게 된다. 이는 그 다음 층에 있는 동물이 먹을 음식이 없다는 것을 뜻하며, 이것은 그 다음과 그 다음 층에도 영향을 끼치게 된다. 결국 이는 인간이 심한 기근을 겪게 만들 것이다. 왜냐하면 벌이 없으면, 우리 슈퍼마켓 판매대는 절반만 차 있을 것이기 때문이다.
우리는 생태계가 잘 돌아가도록 수단과 방법을 가리지 않고 벌을 지켜내야 한다.

지문에 보이는 대부분의 'would + 동사원형'은 현실이 아니거나 아니라고 생각하는 일을 나타내는 표현으로 쓰였습니다. 그 이유는 '현재 아직까지는 벌이 멸종되지 않은 상태이며, 멸종됐다고 가정했을 때 어떤 일이 일어날지'에 관한 지문이기 때문입니다. 따라서 지문의 제목(**What would happen if all bees went extinct?**) 또한 2가정법으로, If절에 과거 시제, 주절에 'would + 동사원형'이 쓰였습니다.

UNIT 4

3가정법(Third Conditional)

01 과거 상황에 대한 상상 및 가정

다음 3가정법 문장을 보며 3가정법을 쓰는 경우를 생각해 보세요.

If I had gone to bed earlier last night, I would not have been late this morning.
어젯밤에 좀 더 일찍 잤으면, 오늘 아침에 늦지 않았을 텐데.

If I had known it's raining today, I would have brought an umbrella from home.
오늘 비가 온다는 걸 알았으면 집에서 우산을 들고 나왔을 텐데.

If Socrates had been born in Rome, the philosophy of Greece would have barely evolved.
소크라테스가 로마에서 태어났다면, 그리스 철학은 거의 발전하지 못했을 것이다.

모두 과거에 일어났던 일에 대해 반대로 말하거나, 일어나지 않은 일을 상상하여 말하는 상황입니다. 이 문장들에서 If절과 주절 문장에 쓰인 2가지 시제는 if절은 had p.p., 주절은 would/could have p.p. 입니다. 따라서 3가정법은 다음과 같이 정리합니다.

3가정법이 쓰이는 경우	과거 상황에 대해 반대로 가정해 말할 때	
3가정법에 쓰이는 시제	If절: had p.p.	주절: would/could have p.p.

다음 과거에 일어난 상황과 이를 바탕으로 한 가정을 보고, 3가정법으로 표현해 봅시다.

상황 1. 지난주에 공부를 하지 않아서 오늘 시험을 망친 상황

가정: "지난주에 공부를 했다면 오늘 시험에 통과했을 텐데."

If I **had studied** last week, I **could have passed** the test today.

→ if절과 주절 모두 과거에 실제 일어난 일(공부를 하지 않아서 시험을 망쳤다)에 반대로 말하며 상황을 가정해 보는 문장입니다. if절에는 had p.p., 주절에는 could have p.p.가 쓰였습니다.

상황 2. 상대방이 장미를 좋아하는지 모르고 해바라기를 사 온 상황

가정: "네가 장미 좋아하는 걸 알았으면 내가 장미를 사 왔을 텐데."

If I **had known** that you like roses, I **would have bought** them.

→ if절과 주절 모두 과거에 실제 일어난 일(장미를 좋아하는지 몰라서 다른 것을 샀다)에 반대로 말하며 상황을 가정해 보는 문장입니다. if절에는 had p.p., 주절에는 would have p.p.가 쓰였습니다. If절에 나온 that you like roses의 시제가 단순현재인 이유는 가정과 상관없이 상대방이 장미를 좋아하는 게 이 말을 하는 때의 사실(facts)이기 때문입니다. 여러 시제가 섞인 문장에서 어떤 정보가 '사실'이라면 주변의 시제와 상관없이 단순현재 시제로 표현합니다.

02　혼합가정법 (Mixed Conditional)

혼합가정법은, "(과거에) 어떤 일이 일어났다면(혹은 일어나지 않았다면), (현재) ~일 텐데(혹은 이러지 않을 텐데)"라고 하는 가정입니다. 과거의 일을 가정해서 말하는 3가정법과, 현재 상황을 가정해서 말하는 2가정법을 혼합해 쓰는 것이 혼합가정법의 핵심입니다.

혼합가정법	과거의 일을 가정해 얘기하면서 현재 상황을 상상해 볼 때 if절: had p.p. 주절: would/could + 동사원형

If I **had gone** to bed earlier last night, I **wouldn't be** tired like this now.

내가 어젯밤에 일찍 잤으면 지금 이렇게 피곤하지는 않을 텐데.

If I **had decided** to go to New York, my life **would be** better now.

내가 뉴욕에 가는 걸로 결정했다면, 지금 내 인생이 좀 더 나을 텐데.

If we **had hung out** more often, there **would be** more memories now.

우리가 좀 더 자주 어울렸다면 지금 추억이 더 많을 텐데.

 다르게 읽어 보기

다음 글에서 3가정법과 혼합가정법이 어떤 의미로 쓰였는지 확인해 보세요.

I guess I've lived such a good life. I have my life partner, children, and their children, who all are living pretty well. If I have to write some of my regrets in the past, here are some.

If I had been bolder, I could have fought against injustice. Sometimes I pretended to be okay with some situations, but I actually didn't like them.

If I had quit smoking earlier, I wouldn't be here in hospital. I first started smoking just out of curiosity, but it got me sick.

Here are some that I do not regret, because I'm very proud of these.

I travelled a lot whenever I could. What I've learned through those trips is that life has different shapes and meanings, so your life is just another form of them. If I hadn't done such adventures, I couldn't have learned this important lesson and I would still complain about my situation.

I tried to be as nice to people as possible. There's a quote that I've lived by, saying "It's nice to be important but it's more important to be nice". If I had not been nice to people around me, I wouldn't have these friends calling me every day just to check on me.

저는 꽤나 멋진 인생을 살았던 것 같아요. 인생의 동반자도 있고, 아이들과 손자손녀도 있고 이들 모두 잘 살고 있죠. 제가 과거에 후회하는 것들을 적어야 한다면, 이것들입니다.

제가 좀 더 용감했더라면, 불의에 맞서 싸웠을 거예요. 가끔은 어떤 상황에 괜찮은 척하기도 했지만, 사실은 마음에 들지 않았어요.

제가 좀 더 일찍 담배를 끊었다면, 지금 병원에 있지 않을 거예요. 처음에는 그저 호기심으로 시작했지만, 저를 병들게 했네요.

이제는 제가 후회하지 않는 것들입니다. 저는 이것들이 정말 자랑스럽거든요.

저는 할 수 있을 때마다 여행을 많이 했습니다. 그 여행을 통해 제가 배운 건 삶에는 다양한 형태와 의미가 있으며, 사람들의 삶 또한 그저 다른 형태라는 것이죠. 제가 그런 모험들을 하지 않았다면, 이 중요한 교훈을 배우지 못했을 것이고, 여전히 제 상황에 불평이나 하고 있겠죠.

저는 사람들에게 가능한 한 친절하게 대하려고 했어요. 제가 삶의 교훈으로 삼는 말이 있는데, "중요해지는 건 좋지만, 친절하게 하는 것이 더 중요하다"입니다. 제가 주변 사람들에게 친절하지 않았다면, 저는 매일 같이 저를 살피기 위해 전화해 주는 이 친구들이 없을 거예요.

If I **had been** bolder, I **could have fought** against injustice.

If절은 had p.p., 주절은 could have p.p.로 3가정법입니다. 과거에 용감하지 않아 불의에 맞서 싸우지 못했던 자신의 모습을 뒤돌아보며 과거 상황을 반대로 가정하는 문장입니다.

If I **had quit** smoking earlier, I **wouldn't be** here in hospital.

If절은 had p.p., 주절은 would + 동사원형으로 혼합가정법입니다. 과거에 담배를 일찍 끊지 않아 현재 병원에 있는 자신의 상황을 반대로 가정하는 문장입니다.

If I **hadn't done** such adventures, I **couldn't have learned** this important lesson and I **would still complain** about my situation.

If절은 had p.p., 주절은 could have p.p.와 would + 동사원형이 연결되어, 3가정법과 혼합가정법이 함께 있는 문장입니다. 과거에 그런 모험들을 하지 않았더라면, (과거에) 중요한 교훈을 배울 수도 없었을 것이고, (현재) 자신의 상황에 불평만 하고 있을 것이라는 문장입니다.

If I **had not been** nice to people around me, I **wouldn't have** these friends calling me every day just to check on me.

If절은 had p.p., 주절은 would + 동사원형으로 혼합가정법입니다. 과거에 사람들에게 친절하게 대했기 때문에 지금은 친구가 많은 상황을 반대로 가정해 보는 문장입니다.

특이한 가정법 형태

가정법이 If절로만 표현되는 건 아닙니다. 모르면 무슨 뜻인지 전혀 알 수 없는, 그러나 영어 문장에서 자주 나오는 특이한 가정법을 설명합니다.

▌01 Without, But for

Without + 명사, 주절(주어 + 동사)

'~가 없다면/없었다면'에 해당하는 표현으로, 'without + 명사 = If no + 명사'로 이해하면 됩니다. without은 '가정'을 기반으로 하기 때문에 정확한 사실을 얘기하는 0가정법을 제외하고 1/2/3가정법에 모두 쓸 수 있습니다.

If절: 현재 시제(Without + 명사), 주절: 미래 시제 → 1가정법

If we don't have you, our department will not be the same.

= **Without you**, our department will not be the same.

네가 없다면, 우리 부서는 예전 같지 않을 거야.

→ 상대방이 회사를 그만두거나 부서를 옮기는 것이 기정 사실화되었고 앞으로 일어날 일을 예상해 보는 말입니다.

If절: 과거 시제(Without + 명사), 주절: would/could + 동사원형 → 2가정법

If I were not with you, my life would be meaningless.

= **Without you**, my life would be meaningless.

네가 없다면, 내 삶은 의미가 없을 거야.

→ 상대방이 없는 삶을 상상하고 가정해 보는, 현실이 아닌 일을 말하는 문장입니다.

If절: had p.p.(Without + 명사), 주절: would/could have p.p. → 3가정법

If this team hadn't helped me, I couldn't have survived.
= **Without this team**, I couldn't have survived.

이 팀이 없었다면, 나는 살아남을 수 없었을 것이다.

→ 과거에 실제 일어난 일(이 팀이 있었기에 살아남을 수 있었다)을 반대로 말해 보는 문장입니다.

But for + 명사, 주절(주어 + 동사)

But for는 without과 비슷하게 '~가 아니라면/아니었다면'의 뜻으로, 이 또한 '가정'을 기반으로 하기 때문에 정확한 사실을 얘기하는 0가정법을 제외한 1/2/3가정법에 모두 쓸 수 있습니다. 다만, 실용적으로는 보통 2/3가정법에만 쓰입니다.

If절: But for + 명사(과거 시제), 주절: would/could + 동사원형 → 2가정법

But for our research, people would still believe this figure is true.

우리 연구가 아니라면, 사람들은 여전히 이 수치가 옳다고 믿을 것이다.

→ 우리 연구가 있어서 사람들이 더 이상 이 수치가 옳지 않다는 걸 알고 있다는 사실을 반대로 가정해 전달합니다.

If절: But for + 명사(had p.p.), 주절: would/could have p.p. → 3가정법

But for the traffic jam, I would have arrived here two hours ago.

교통 체증만 없었어도 난 2시간 전에 여기 도착했을 텐데.

→ 교통 체증이 심각해서 2시간 전에 도착할 수 있었는데 그러지 못한 과거 일에 대한 가정을 전달합니다.

2가정법과 3가정법에 쓰이는 'But for 명사' 구문은 각각 다음과 같이 바꿀 수도 있습니다.

2가정법	But for 명사(→ If it weren't for + 명사/Were it not for + 명사), 주절 would/could + 동사원형
3가정법	But for 명사(→ If it hadn't been for + 명사/Had it not been for + 명사), 주절 would/could have p.p.

If it were not for A는 '~가 아니라면'의 뜻입니다. 또 but for/without A 와 비슷한 뜻이어서 서로 바꾸어 쓸 수 있습니다.

If it weren't for the Covid-19 (= Were it not for the Covid-19/But for the Covid-19), **we all** wouldn't need **to wear any masks in this boiling summer.**
코로나만 아니면, 우리 전부 이 찜통 여름에 마스크를 쓸 필요도 없는데 말이야.

If it hadn't been for your support (= Had it not been for your support/ But for your support), **I** couldn't have got **over my disease.**
여러분의 도움이 없었다면, 제 병을 이겨낼 수 없었을 겁니다.

02 Should, Were, Had

0가정법과 1가정법의 Should

0가정법과 1가정법의 if절이 should로 시작할 수 있습니다.

If you want to be healthy, you must eat **more vegetables and** exercise **regularly.**
= Should **you want to be healthy, you** must eat **more vegetables and** exercise **regularly.**
건강해지고 싶다면, 채소를 더 많이 먹고 규칙적으로 운동을 해야 한다. (0가정법)

→ If절에는 단순 현재, 주절에는 조동사 must가 포함된 단순현재 시제가 쓰인 0가정법입니다. 이때 If절의 If를 should로 바꾸어 쓸 수 있습니다.

If I meet him later, I'll let you know.
= Should I meet him later, I'll let you know.
내가 나중에 그 사람 보면 너한테 알려 줄게. **(1가정법)**

→ If절에는 단순현재, 주절에는 미래 시제가 쓰인 1가정법입니다. If절의 If를 should로 바꾸어 쓸 수 있습니다.

Should + (주어에 상관없이) 동사원형

if절의 주어가 he/she/it 같은 3인칭 단수일 때는 단순현재 시제 동사에 '-s'가 붙지만, 0/1가정법에서 if 대신 should가 쓰일 때는 주어에 상관없이 동사원형을 씁니다. 앞에 놓인 should가 뒤의 동사 형태에 영향을 끼치기 때문입니다.

If he **brings up** that issue, we will not just listen.
→ Should he **bring up** that issue, we will not just listen.
그가 그 문제를 꺼내면, 우리도 듣고만 있진 않을 거야.

if절의 동사가 is, are, am이면, should 형태로 바뀔 때 원형인 be로 써야 합니다.

If it **is** still freezing outside, we will stay here a little longer.
→ Should it **be** still freezing outside, we will stay here a little longer.
아직도 바깥이 엄청 춥다면 우리는 여기 좀 더 있을 거야.

이제부터는 문장에서 Should + 주어 + 동사가 나오더라도 당황하지 말고, 0가정법이나 1가정법 문장으로 파악하고 이해하세요.

2가정법의 특이한 형태 Were

2가정법의 If절이 Were로 시작할 수 있습니다.

2가정법의 특수 형태
be동사인 경우   if 자리에 were를 넣는다. (본래 있던 were는 없어진다.)
일반동사인 경우   if 자리에 were를 쓰고, 뒤에 오는 동사는 'to + 동사원형'으로 바꾼다.

If I were super rich, I would say no to what I don't agree with.

= **Were I super rich**, I would say no to what I don't agree with.

내가 정말 부자면, 동의하지 않는 것에 아니라고 말할 수 있을 텐데.

→ if절에 과거동사, 주절에 would + 동사원형이 쓰인 2가정법입니다. 이때 If절의 If를 were 로 바꾸어 쓸 수 있으며, 뒤에 있던 were는 생략합니다.

2가정법의 if절에 be동사가 아닌 일반동사가 쓰일 때는 다음과 같습니다.

If this happened more regularly, we would figure out what the real problem is.

= **Were this to happen more regularly**, we would figure out what the real problem is.

이 일이 좀 더 주기적으로 일어나면, 진짜 문제가 무엇인지 알아낼 수 있을 텐데.

→ if절에 과거동사, 주절에 would + 동사원형이 쓰인 2가정법입니다. '이 일이 주기적으로 일어나지 않기 때문에 진짜 문제가 무엇인지 모르는 현실'에 가정을 해 보는 문장입니다. 이 때도 문장 앞에서 if 대신 were를 쓰는데 뒤의 동사형태는 'to + 동사원형'으로 씁니다.

3가정법의 특이한 형태 Had

3가정법의 if절이 Had로 시작할 수 있습니다.

If we had started earlier, we would have had some time for revision.

= **Had** we started earlier, we would have had some time for revision.

우리가 더 일찍 시작했으면, 복습할 시간이 좀 있었을 텐데.

→ if절에 had p.p., 주절에 would have p.p.가 쓰인 3가정법으로, 과거에 더 일찍 시작하지 않았던 일을 가정해 보는 문장입니다. 이 3가정법 문장은 if 자리에 had를 써서 특수한 형태로 쓸 수 있습니다.

If he hadn't pushed the button, we wouldn't be locked here.

→ **Had** he not pushed the button, we wouldn't be locked here.

그 사람이 버튼만 누르지 않았어도, 우리는 이곳에 갇혀 있지 않겠지.

→ if절에 had p.p., 주절에 would + 동사원형이 쓰인 혼합가정법으로, 과거에 일어난 일 (그 사람이 버튼을 눌렀다)로 인해 처한 지금의 현실(갇혀 있음)을 가정하는 말입니다. if 대신 had를 써서 특이한 형태로 쓸 수 있습니다.

지금의 내용을 한국식 문법책에서는 '도치'라는 개념으로 설명했습니다. 여기서는 굳이 도치의 개념 없이도 이해할 수 있습니다.

다음 가정법 문장을 보며 숨은 의도를 파악해 보세요.

Without/But for 가정법

What do you think is the best and foremost invention in the 20th century? What makes our life more convenient and efficient than ever before? One of the answers you could think of is probably, the Internet.

The Internet has become a part of our life. Life would look very different from now without it. We would have to rely on newspapers or word of mouth to get some information. In addition to this, many businesses that exist now couldn't even have started without it because most of startup companies started based on the Internet industry. In short, but for the Internet, our society would be much less advanced.

20세기 발명 중 가장 중요하고 최고인 것은 뭐라고 생각하는가? 무엇이 그 어느 때보다 우리의 삶을 더 편리하고 효율적으로 만드는가? 당신이 생각할 수 있는 답 중 하나는 아마 인터넷일 것이다.
인터넷은 우리 삶의 일부가 되었다. 인터넷이 없다면 우리 삶은 지금과 크게 달라 보일 것이다. 정보를 얻기 위해 신문이나 입소문에 의지해야 할 것이다. 뿐만 아니라, 대부분의 스타트업 회사들이 인터넷 사업을 기반으로 시작했기 때문에 인터넷이 없었다면 현존하는 많은 사업들은 시작조차 못했을 것이다. 요컨대 인터넷이 없다면 우리 삶은 지금보다 훨씬 덜 발전했을 것이다.

Life would look very different from now without it.

→ 문장의 시제가 would + 동사원형인 2가정법으로, '인터넷이 없다면 삶이 매우 달라 보일 것'이라는 현재와는 다른 상황을 가정합니다.

In addition to this, many businesses that exist now couldn't even have started without it ~

→ 문장의 시제가 couldn't have p.p인 3가정법으로, '인터넷이 없었다면 현존하는 많은 사업들은 시작하지도 못했을 것'이라는 과거 상황을 가정합니다.

In short, but for the Internet, our society would be much less advanced.

→ 문장의 시제가 would + 동사원형인 2가정법으로, '인터넷이 없으면 우리 사회는 지금보다 발전된 상황이 아닐 것'이라는 현재와는 다른 상황을 가정합니다.

Should 가정법

A: Do you really think the CEO will show up tomorrow just to inspect our factory?

B: I'm not sure yet, but should he come, our office will let us know so we can be ready for it.

A: Yeah, that sounds fair. Let's sit and wait then.

(Next day)

A: You heard that the inspection has been cancelled, didn't you?

B: What…? I haven't checked my inbox yet, so I didn't know that. Should that be true, it's great because we won't have to overwork today.

A: 너 진짜 CEO가 공장 점검하러 내일 올 것 같아?
B: 아직 잘 모르겠는데, 만약 오면 우리가 준비할 수 있게 사무실에서 알려 줄 거야.
A: 그래, 그렇겠네. 기다려 보자.
(다음날)
A: 너 점검 취소된 거 들었지?
B: 그래? 아직 메일함을 확인하지 않아서 몰랐어. 그게 사실이면 오늘 야근 안 해도 되니 좋네!

Should he come, our office **will let** us know ~

→ **If he comes**, our office will let us know ~

→ 문장의 시제가 will + 동사원형인 1가정법으로, 'CEO가 온다면 우리에게 알려 줄 것'이라는 미래에 일어날 일에 대한 예측입니다.

Should that be true, it's great ~

→ **If that is** true, it's great ~

→ 문장의 시제가 단순현재 시제인 0가정법으로, 'CEO가 오지 않는 것은 좋은 일이다'라는 것을 사실이라고 생각하고 말하는 문장입니다.

Had 가정법

July 7th's Journal writing

Today, I had dinner with my dad and learned a great lesson from him.

While having dinner, I started to talk about my anxiety issues I've been suffering these days to my dad. I said whenever I have free time, I feel like I just waste time worrying about my future. And my dad said, "To worry is to suffer twice. If you have to worry, worry when it comes because still then, it's not too late". Had I not met my dad and talked about my problem, I wouldn't have learned this beautiful lesson.

7월 7일의 일기
오늘 나는 아버지와 저녁을 먹었고 아버지께 아주 멋진 교훈을 얻었다.
저녁을 먹다가, 나는 요즘 겪고 있는 불안증세에 대해 아버지께 말씀드리기 시작했다. 나는 아버지께 쉬는 시간이 생길 때마다 내 미래를 걱정하느라 시간을 낭비하는 것 같다고 말했다. 그리고 아버지는 나에게 "걱정한다는 것은 두 배 고통스러운 일이다. 걱정을 해야 한다면, 그 일이 닥쳤을 때 해라. 왜냐하면 그때까지도 전혀 늦지 않으니까"라고 하셨다. 아버지를 만나 내 문제를 말하지 않았다면, 나는 이 멋진 교훈을 얻지 못했을 것이다.

Had I **not met** my dad and **talked** about my problem, I **wouldn't have learned** this beautiful lesson.

→ **If I had not met** my dad and **talked** about my problem, I **wouldn't have learned** this beautiful lesson.

→ Had 가정법은 3가정법에 쓰여 과거 상황을 가정해 보는 표현입니다. 해당 일기 또한 오늘 있었던 아버지와의 대화를 설명한 뒤 '그 대화가 아니었다면' 하고 과거 상황을 가정해 보는 것이어서 Had 가정법이 활용되었습니다.

CHAPTER 2　문장 독해의 50%를 차지하는 관계사절

관계사절을 배워야 하는 이유

영어와 한국어의 가장 큰 차이는 '어순'에 있다는 말을 많이 들었을 겁니다. 하지만 단순히 어순이 다르다는 것만으로는 그것이 영어를 공부하는 데 왜 중요한지 학습으로 이어지는 동기가 안 됩니다.

한국인이 영어 학습에서 이해하기 힘들어하는 부분 중 하나가 관계대명사인데, 이 관계대명사야말로 어순의 차이를 알아야 제대로 이해할 수 있습니다. 그럼 우리말 어순과 영어 어순을 비교하면서 어떻게 다른지 확인해 보겠습니다.

한국어 어순

어제 친구들과 내가 가장 좋아하는 카페에서 마셨던 그 커피가 아직도 생각난다.

여기서 '그 커피'를 꾸며 주는 구조를 볼까요?

어제 친구들과 내가 가장 좋아하는 카페에서 마셨던	그 커피

이렇게 어떤 명사를 꾸밀 때 한국어 어순은 '수식어구 → 명사'입니다.

영어 어순

반면에 같은 내용을 영어로 하면 다음과 같습니다.

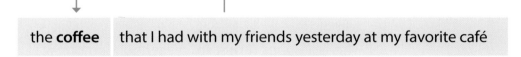

the **coffee**	that I had with my friends yesterday at my favorite café

어떤 명사를 꾸밀 때(그 꾸미는 내용이 절 단위 이상일 때) 한국어와 영어는 '정반대'의 어순을 사용합니다. 즉, 영어를 쓰는 원어민들은 꾸미고자 하는 명사를 먼저 말한 뒤 절 단위로 그 명사를 설명할 때, '관계사'라는 연결 장치를 씁니다.

그런데 이런 의문이 들 거예요. 왜 관계사절이 접속사와 연관된 파트에 있을까 하고 말이죠. 접속사는 하나의 절(2단어 이상으로 된, '주어 + 동사'가 있는 단위)과 다른 하나의 절을 이어주는 단어입니다. 관계사절을 접속사 파트에 넣은 이유는 바로 관계사(관계대명사/관계부사)가 접속사 역할을 해서 그 뒤에 오는 '불완전한/완전한 절'을 앞에 있는 완전한 문장의 어떤 명사에 연결하기 때문입니다.

> **완전한 절 ← 관계사 연결 장치(관계대명사/관계부사) + 불완전한/완전한 절**

'절과 절을 이어준다'라는 점에서 접속사 역할을 하기 때문에 접속사 파트에서 관계사를 설명하는 것입니다. 그렇다면 관계사가 하는 접속사 역할은 무엇일까요? 다음 우리말 대화를 보세요.

> **직장동료:** 그게 뭐야?
>
> **나:** 1. 이거 보고서야. 내가 내일 그 보고서 발표해.
>
> 2. 이거 내일 내가 발표하는 보고서야.

두 문장 중 경제적인 측면에서 더 자연스러운 발화는 문장 2입니다. 한 문장으로 청자가 알고 싶어 하는 정보까지 담아서 들려 주기 때문입니다. 문장 1처럼 말한다고 틀린 것은 아니지만, 한 문장으로 나타낼 수 있음에도 일부러 2개의 문장으로 끊은 것 같은 어색함이 있습니다. 영어로 바꿔 보면 다음과 같습니다.

> **Colleague:** What's that?
>
> **Me:** 1. This is the report. I'm presenting the report tomorrow.
>
> 2. This is the report **that** I'm presenting tomorrow.

문장 2에서는 별개의 두 문장이 관계사 연결 장치(관계대명사 that)를 통해 한 문장으로 이어져 있습니다.

이렇듯 하나의 절과 다른 절을 접속사 역할을 하는 연결 장치를 통해 이어줄 수 있다는 점에서 '관계사는 접속사이다'라고 할 수 있습니다.

UNIT 1

관계대명사절과 관계부사절

01 관계대명사절과 관계부사절의 공통점

다음 두 문장을 보며 공통점과 차이점을 찾아보세요.

1. This is the restaurant where I had a fantastic dinner.
2. This is the restaurant that I had a fantastic dinner at.
   여기가 내가 맛있는 저녁을 먹었던 식당이야.

공통점은 모두 명사 restaurant를 꾸며 주는 절이 뒤에 있다는 점입니다. 즉, 관계부사절(when, where, why, how로 시작하는 관계사절)이든 관계대명사절(that, which, who로 시작하는 관계사절)이든 그 역할은 바로 앞에 있는 명사를 수식한다는 것입니다. 위의 각 문장에서 where과 that은 단어만 다를 뿐 그 역할은 '연결 장치'로 똑같습니다.

> 관계사절(관계대명사절, 관계부사절)은 **앞에 있는 명사를 수식하는 형용사절**

어떤 명사 뒤에 관계사 연결 장치가 있다면 뒤에 있는 절은 명사를 수식하는 형용사 역할로 쓰인 것입니다.

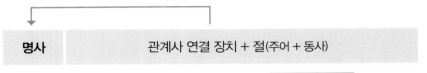

명사	관계사 연결 장치 + 절(주어 + 동사)

Sometimes teenagers go through *some periods* **when** they want to challenge any adults they meet.
때때로 10대들은 자신들이 마주하는 성인들한테 그게 누구일지라도 도전하고 싶은 시기를 거친다.

02 관계대명사절과 관계부사절의 차이점

관계대명사절과 관계부사절의 차이점은 무엇일까요? 결론적으로 말하자면, ① 관계대명사와 관계부사는 연결 장치의 단어가 다르다는 점, ② 연결 장치 뒤에 오는 절이 완전한가 불완전한가밖에 없습니다.

관계대명사	
종류	who(m), which, whose, that, what(다른 관계대명사와는 성질이 다름)
용법	관계대명사 + 불완전한 절(동사 앞, 동사 뒤, 전치사 뒤의 명사가 빠진 절)

Edison is *the man* **who** invented *a phonograph* **which** was used to record not only voices but music.

에디슨은 음성뿐 아니라 음악을 녹음하는 데 쓰이던 포노그래프를 발명한 사람이다.

→ 명사 the man을 who invented a phonograph라는 불완전한 절(동사 invented 앞에 명사가 없음)이 수식하고, 명사 a phonograph를 which was used to record not only voices but music이라는 불완전한 절(동사 was 앞에 명사가 없음)이 수식합니다.

관계부사	
종류	when, where, why, how
용법	관계부사 + 완전한 절(주어 + 동사 + (목적어/보어))

There was *no reason* **why** you acted like that. I know that period was *the time* **when** you were under stress, but that did not justify your behavior.

당신이 그렇게 행동한 데는 이유가 없었어요. 그때가 당신이 스트레스를 받는 시기였다는 건 알지만 그게 당신의 행동을 정당화시키지는 않았죠.

→ 명사 no reason을 why you acted like that이라는 완전한 절이 수식하며, 명사 the time을 when you were under stress라는 완전한 절이 수식합니다.

UNIT 2 관계대명사절

관계대명사절은 절 앞에 있는 명사를 꾸며 주는 형용사절입니다. 관계대명사에는 who(m), which, that, whose 등이 있고, 뒤에는 불완전한 절이 옵니다.

명사(선행사)	who(m), which, that + 불완전한 절

관계대명사 뒤에 오는 절 안에 동사 앞, 동사 뒤, 전치사 뒤의 명사 중 하나가 없음

01 who(m), which, that

who(m)/that → 꾸밈을 받는 명사가 '사람'과 관련된 명사일 때

That's *the girl* **who/that** was in love with me at college.

저 사람이 대학생 때 나와 사귀었던 그 여자이다.

→ 문장에서 꾸밈을 받는 명사는 the girl로, 사람과 관련된 명사입니다. 따라서 뒤에서 꾸며 주는 연결 장치로 관계대명사 who를 쓰며, who는 that으로 바꿔 쓸 수 있습니다. 관계대명사 뒤에는 동사(was) 앞의 명사가 빠진 불완전한 절이 왔습니다.

Chandler is *someone* **whom/that** you don't want to argue with.

Chandler는 당신이 언쟁을 벌여서는 안 되는 사람이다.

→ 문장에서 꾸밈을 받는 명사는 someone으로, 사람과 관련된 명사입니다. 따라서 뒤에서 꾸며 주는 장치로 관계대명사 whom을 쓰며, whom을 that으로 바꿔 쓸 수 있습니다. 관계대명사 뒤에는 전치사(with) 뒤의 명사가 빠진 불완전한 절이 왔습니다.

which/that → 꾸밈을 받는 명사가 '사람'과 관련된 명사가 아닐 때

The tree **which/that** I planted 10 years ago protects my house.　　10년 전에 내가 심은 그 나무가 우리 집을 지켜 준다.

→ 문장에서 꾸밈을 받는 명사는 the tree로, 사물과 관련된 명사입니다. 따라서 뒤에서 꾸며 주는 장치로 관계대명사 which를 쓰며, which는 that으로 바꿔 쓸 수 있습니다.

P L U S

연결 장치로서의 who vs. whom

Who: 불완전한 절의 이유가 '동사 앞에 명사가 없을 때' 쓰는 연결 장치
That's the girl **who** (동사 앞에 명사) was in love with me at college.

Whom: 불완전한 절의 이유가 '동사 혹은 전치사 뒤에 명사가 없을 때' 쓰는 연결 장치
Chandler is someone **whom** you don't want to argue with (전치사 with 뒤에 명사).

* 회화에서나 비격식체 문장에서는 whom을 써야 할 때도 who를 쓰는 경우가 많습니다.

02　관계대명사 뒤 불완전한 절의 3가지 유형

관계대명사 뒤의 절이 불완전한 이유는 명사가 빠졌기 때문입니다. 명사가 빠질 수 있는 자리는 동사 앞, 동사 뒤, 전치사 뒤이기 때문에, 불완전한 절의 유형도 총 3개입니다.

동사 앞의 명사가 빠진 경우(주어가 없는 경우)

관계대명사 + 주어 + 동사 + (목적어) + (수식어구) ～

This is the machine **that/which** (주어) generates power for our factory. 이것은 우리 공장에 전력을 공급하는 기계이다.

I'm looking for *a manager* **that/who** (주어) is skilled at managing paperwork.

나는 서류 작업에 능통한 매니저를 구하고 있다.

→ 각 문장에서 해당 명사를 관계대명사와 주어 없는 절이 꾸며 줍니다. 이때 해당 명사가 뒤에 오는 절의 주어 역할을 하므로 이 관계사절에 쓰인 관계대명사를 주격 관계대명사라고 부릅니다.

동사 뒤 명사가 빠진 경우(동사의 목적어가 없는 경우)

관계대명사 + 주어 + 동사 + 목적어 ~

This is *the machine* **that/which** my factory will use (동사의 목적어).

이것은 우리 공장에서 사용할 기계이다.

This is *Jack* **that/who(m)** we met (동사의 목적어) at the restaurant. 이분은 우리가 레스토랑에서 만났던 Jack입니다.

→ 각 문장에서 해당 명사를 관계대명사와 동사의 목적어 없는 절이 꾸며 줍니다. 이때 해당 명사가 뒤에 오는 절의 목적어 역할을 하므로 이 관계사절에 쓰인 관계대명사를 목적격 관계대명사라고 부릅니다.

전치사 뒤 명사가 빠진 경우(전치사의 목적어가 없는 경우)

관계대명사 + 주어 + 동사 + 목적어 ⋯ 전치사 + 목적어

This is *the machine* **that/which** my factory is equipped with (전치사의 목적어). 이것은 우리 공장에 갖춰져 있는 기계이다.

This is *Julie's sister* **whom/that** I went to school with (전치사의 목적어). 이분은 내가 학교를 같이 다녔던 Julie의 여동생입니다.

→ 각 문장에서 해당 명사를 관계대명사와 전치사의 목적어가 없는 절이 꾸며 줍니다. 이때 해당 명사가 뒤에 오는 전치사의 목적어로 쓰입니다.

이 유형의 경우, 해당 관계대명사절이 전치사로 끝날 때는 전치사를 관계대명사 앞으로 옮기는 것이 일반적이며, 이때는 관계대명사 that을 쓸 수 없습니다.

This is *the machine* **with which(~~that~~)** my factory is equipped.

This is *Julie's sister* **with whom(~~that~~)** I went to school.

관계대명사절에서 목적어(동사의 목적어 혹은 전치사의 목적어)가 없는 경우, 관계대명사 연결 장치는 보통 생략하고 쓰는 경우가 많습니다.

This is the machine ~~that/which~~ **my factory will use.** (동사의 목적어 없음)

This is Jack ~~that/whom~~ **we met** (동사의 목적어 없음) **at the restaurant.**

This is the machine ~~that/which~~ **my factory is equipped with.** (전치사의 목적어 없음)

This is Julie's sister ~~whom/that~~ **I went to school with.** (전치사의 목적어 없음)

03   콤마(,) + 관계대명사

영어 문장을 읽다 보면 ', which/who(콤마 뒤에 오는 which/who)'가 나옵니다. 일반적인 관계대명사절과 ,(콤마) 뒤에 위치한 관계대명사절의 차이점은 무엇일까요?

앞에 위치한 명사를 수식할 때의 차이점

보통의 관계대명사절	맥락상 어떤 명사에 대한 설명이 반드시 있어야 하는 경우
,(콤마) 관계대명사절	맥락상 명사에 대한 설명이 꼭 필요하지는 않지만 추가적인 정보를 더하는 의도를 나타낼 경우

This is *the picture*. 이것이 그 사진이다. (어떤 사진인지 추가 정보가 필요)

→ This is *the picture* **which I took at Los Angeles**.
이것이 내가 LA에서 찍었던 그 사진이다.

Marie Curie is *the first woman*.
마리 퀴리는 최초의 여성이다. (어떤 여성인지 추가적인 정보가 필요)

→ Marie Curie is *the first woman* **who won a Nobel Prize**.
마리 퀴리는 노벨상을 수상한 최초의 여성이다.

My father wants to live an urban life.
우리 아버지는 도시 생활을 하고 싶어 한다.

→ *My father*, **who** has just retired, wants to live an urban life.
(이제 막 은퇴한) 우리 아버지는 도시 생활을 하고 싶어 한다.

→ 이 글을 쓰는 사람이 '나의 아버지'라는 명사에 필수적이지는 않지만 추가적으로 정보를 전하고 싶다는 것을 알 수 있습니다.

This series never gets bored.
이 시리즈는 전혀 지겹지가 않아.

→ *This series*, **which** I have watched like a thousand times, never gets bored.
이 시리즈는 내가 정말 (과장해서) 한 천 번은 봤는데 전혀 지겹지가 않아.

→ 이 문장을 읽는 사람은 원 문장으로도 충분하지만 ,(콤마) + 관계대명사를 보고 글쓴이가 추가로 정보를 전하고 싶은 거라는 걸 알 수 있습니다.

맥락에 따라 어떤 정보가 필수적으로 들어가야 할 때는 '일반적인 관계대명사', 그렇지 않고 추가적인 정보라면 ',(콤마) 관계대명사'를 씁니다.

다음 문장을 보면, 어떤 것이 필수 정보이고 어떤 것이 추가 정보인지 알 수 있습니다.

My friend, **who** lives in next door, is an actor.

옆집에 사는 내 친구는 배우이다.

→ '옆집에 사는'이라는 정보가 ',(콤마) 관계대명사절'로 설명되고 있습니다. '친구가 배우이다' 라는 사실이 '옆집에 산다'라는 사실보다 중요합니다.

My friend, **who** is an actor, lives next door.

→ 여기서는 '배우이다'라는 정보가 ',(콤마) 관계대명사절'로 설명되고 있습니다. '친구가 옆집 에 산다'라는 사실이 '그 친구가 배우이다'라는 사실보다 중요합니다.

',(콤마) 관계대명사절'만이 할 수 있는 역할

,(콤마) 관계대명사절은 앞 문장 전체 내용에 추가 정보를 전달합니다.

There is so much snow in winter in my city, **which** I really hate.

제가 사는 도시는 겨울에 눈이 엄청 많이 오는데, 전 그게 싫어요.

→ 관계대명사절의 내용은 '전 그게 싫어요'인데, 여기서 '싫다는 것'은 앞 문장에 있는 특정 명사가 아닌 내용 전체(도시에 눈이 많이 내린다는 것)입니다. 이렇게 앞에 나온 내용 전체에 추가적인 정보를 줄 때는 반드시 ',(콤마) 관계대명사절'을 씁니다.

I didn't bring my textbook yesterday, **which** is why I have to take a make-up class.

나는 어제 교과서를 가져오지 않았는데, 이 이유로 보충 수업을 들어야 한다.

→ 관계대명사절의 내용은 '보충 수업을 들어야 하는 이유'인데, 여기서 '그 이유'는 앞 문장의 특정 명사가 아닌 내용 전체(교과서를 가져오지 않은 것)입니다. 이렇게 앞에 나온 내용 전체 에 추가적인 정보를 줄 때는 반드시 ',(콤마) 관계대명사절'을 씁니다.

04 관계대명사 whose

관계대명사 whose는 그것이 꾸며 주는 명사(사람 또는 사물)가 소유한 것의 정보를 줄 때 쓰입니다. 명사가 소유한 것에 대한 정보이기 때문에 연결 장치 whose는 '~의'라는 뜻입니다.

This participant **whose** name is Kate is the most promising.
(참가자의) 이름이 Kate인 이 참가자가 가장 전도가 유망하다.

→ 명사 this participant를 꾸며 주는 관계대명사절 whose name is Kate가 쓰였으며, 꾸밈을 받는 명사(참가자)의 이름에 대한 정보를 줍니다.

This is *my laptop* **whose** hard drive is gone.
이건 (그것의) 하드 드라이브가 완전히 가 버린 내 노트북이다.

→ 관계대명사절 whose hard drive is gone이 꾸밈을 받는 명사(내 노트북)의 드라이버에 대한 정보를 줍니다.

관계대명사 whose 역시 ',(콤마)' 뒤에 쓰여 추가적인 정보를 줍니다.

I'm visiting *my old friend*, **whose** brother is also a friend of mine.
난 (친구의) 형이 내 친구 중 하나이기도 한 오래된 친구를 찾아가 만나.

→ 관계대명사절 ', whose brother is also a friend of mine'이 꾸밈을 받는 명사(내 오래된 친구)의 형에 대해 추가 정보를 줍니다. 문장에서 중요한 점은 '오래된 친구를 찾아가 만난다'는 점이며, '그 친구의 형과 내가 친구라는 것'은 추가 정보에 불과합니다.

05 관계대명사 what

지금까지 살펴본 관계대명사절(who, which, that, whose)은 모두 앞에 있는 어떤 명사를 수식하는 형용사절로 쓰였습니다. 그러나 관계대명사 what은 특이하게 형용사절이 아닌 명사절로 쓰이는 장치입니다. 그래서 '~인 것'으로 해석합니다.

> **what으로 시작하는 문장이 명사 자리(동사 앞, 동사 뒤, 전치사 뒤)에 있는 것**

다른 관계대명사절과 마찬가지로 관계대명사로 쓰인 what 뒤에는 3가지 불완전한 절 유형이 옵니다.

주어가 없는 경우 → what + (주어) + 동사 ~

I didn't find **what** was stolen.
나는 도난당한 걸 못 찾았다. (관계대명사 what절은 동사 find의 목적어 자리이며, was 앞에 주어가 없는 절)

동사의 목적어가 없는 경우 → what + 주어 + 동사 + (목적어)

Do you understand **what** I mean?
제 뜻을 이해하시겠어요? (관계대명사 what절은 동사 understand의 목적어 자리이며, mean 뒤에 목적어가 없는 절)

전치사의 목적어가 없는 경우 → what + 주어 + 동사 ~ 전치사 + (목적어)

What you are talking about is not our point.
지금 당신이 말하는 건 우리의 요지가 아니다. (관계대명사 what절은 동사 is의 주어 자리이며, 전치사 about 뒤에 목적어가 없는 절)

관계부사절

관계부사절 역시 명사를 앞에 두고 그 명사를 꾸미는 형용사절입니다. 관계대명사와 다른 점은 이 관계부사 뒤에는 문법 요소가 하나도 빠짐없이 완전한 절이 온다입니다.

> 명사(선행사) ← 관계부사절(뒤에 나오는 절이 앞에 있는 명사를 꾸미는 구조)
>
> = 명사(선행사) ← **when, where, why, how + 완전한 절**

관계부사는 관계대명사와 마찬가지로 when, where, why, how가 단순한 '연결 장치'이며, 각 단어의 해석은 하지 않습니다.
앞에 오는 명사의 성질에 따라 다르게 쓰이는 4가지 관계부사를 알아봅니다.

01 관계부사 why

꾸밈을 받는 명사가 '이유'와 관련된 단어로, 보통 reason을 꾸며 줍니다.
이때 reason 혹은 why 둘 중 하나는 생략 가능합니다.

This is *the reason* ← **why** I don't drink coffee at night.
이게 내가 밤에 커피를 안 마시는 이유이다.

= This is *the reason* (~~why~~) I don't drink coffee at night. (why 생략)

= This is (~~the reason~~) **why** I don't drink coffee at night.
  (the reason 생략)

My husband couldn't explain *the reason* ← **why** he let our daughter draw on the wall.
남편은 딸아이가 벽에 그림을 그리도록 내버려둔 그 이유를 설명하지 못했다.

= My husband couldn't explain *the reason* (~~why~~) he let our daughter draw on the wall. (why 생략)

= My husband couldn't explain (~~the reason~~) why he let our daughter draw on the wall. (the reason 생략)

02 관계부사 when

꾸밈을 받는 명사가 '시간'과 관련된 표현일 때 씁니다. 이때 '시간 표현' 혹은 when 둘 중 하나를 생략할 수 있습니다.

The early 1900s was an era ← **when** people were treated based on their races.
1900년대 초기는 사람들이 인종에 따라 대우받던 시대였다.

= The early 1900s was an era (when) people were treated based on their races. (when 생략)
= The early 1900s was (an era) **when** people were treated based on their races. (an era 생략)

At the very moment ← **when** the magician touched the fire, his assistant came out of it.
마술사가 불을 만지던 바로 그 순간, 마술사의 조수가 불에서 튀어나왔다.

= At the very moment (when) the magician touched the fire, his assistant came out of it. (when 생략)
= (At the very moment) **When** the magician touched the fire, his assistant came out of it. (At the very moment 생략)

03 관계부사 where

꾸밈을 받는 명사가 '장소'와 관련된 표현일 때 씁니다. 이때 '장소 표현' 혹은 where 둘 중 하나를 생략할 수 있습니다.

The gym ← **where** I work out is now closed for renovations.
내가 운동하는 헬스장은 지금 보수 작업으로 문을 닫은 상태이다.

= The gym (where) I work out is now closed for renovations. (where 생략)
= (The gym/The place) **Where** I work out is now closed for renovations. (The gym 생략)

This is the site ← **where** the accident happened.
여기가 그 사고가 일어났던 장소이다.

= This is the site (~~where~~) the accident happened. (where 생략)
= This is (~~the site~~) **where** the accident happened. (the site 생략)

04 관계부사 how

꾸밈을 받는 명사가 '방법'과 관련된 표현이기는 한데, 현대 영문법에서 방법 표현(way)과 how는 결코 함께 쓸 수 없고 둘 중 하나만 씁니다. 그래서 영어권에서는 how를 관계부사로 가르치지 않습니다.

The way I sleep is unusual. (how 생략)
내가 자는 방식은 독특하다.

= **How** I sleep is unusual. (the way 생략)

I really don't like the way you treat your customers. (how 생략)
나는 당신이 고객들을 대하는 방식이 마음에 들지 않습니다.

= I really don't like **how** you treat your customers. (the way 생략)

 **다르게 읽어 보기**

캠프 초대장에 쓰인 관계대명사절과 관계부사절을 보며 관계사절을 확인해 보세요.

Welcome to our Han River Camp!

Our annual Han River Camp is back again for this year! It is scheduled next month at our usual campsite. Now is *the season* when you can enjoy marvelous autumn leaves and breezy weather, and these are *the things* that make your camping perfect!

Our campsite, which is only five minutes away from the bus station, has *everything* that you need for camping! How good is that?

As you might know, we are able to take 10 teams only. This is why you have to hurry up for your campsite! If you want to sign up, please send an email to us with *the file* that we attached below.

We are looking forward to seeing you there!

한강 캠프에 오신 것을 환영합니다!
매해 열리는 한강 캠프가 올해도 돌아왔습니다! 캠프는 다음 달 원래 하던 캠프장에서 열립니다. 지금이야말로 아름다운 가을 낙엽과 선선한 날씨를 즐길 수 있는 계절이고, 이런 것들이 여러분의 캠핑을 완벽하게 만들어 주는 것입니다!
버스 정류장에서 5분밖에 걸리지 않는 우리 캠프장은 여러분이 캠핑에 필요로 하는 모든 것을 갖추고 있습니다! 얼마나 좋은 가요?
여러분 모두 알다시피, 저희는 딱 10팀만 받을 수 있습니다. 얼른 서둘러 캠핑 자리를 잡아야 하는 이유입니다. 등록을 원하시면, 저희가 아래에 첨부한 파일과 함께 이메일을 보내 주세요.
캠프장에서 만나길 고대하겠습니다!

Now is *the season* **when you can enjoy marvelous autumn leaves and breezy weather,**
아름다운 가을 낙엽과 선선한 날씨를 즐길 수 있는 → *계절*

→ 관계부사 when절은 형용사절로, 앞에 있는 명사 the season을 꾸며 줍니다.

these are *the things* **that make your camping perfect!**
이런 것들이 여러분의 캠핑을 완벽하게 만들어 주는 것입니다.

→ 관계대명사 that절은 형용사절로 뒤에 주어가 생략된 불완전한 절이 왔으며, 앞에 있는 명사 the things를 꾸며 줍니다.

Our campsite, **which is only five minutes away from the bus station, has** *everything* **that you need for camping!**

버스 정류장에서 5분밖에 걸리지 않는 → *우리 캠프장*은 여러분이 캠핑에 필요로 하는 → *모든 것*을 갖추고 있습니다!

→ ',(콤마) which'는 앞에 있는 명사 our campsite를 꾸며 주는 형용사절로, 전체 문장에서 전하고자 하는 주된 의도는 아니지만 명사 our campsite에 추가적인 정보를 제공하는 관계대명사절입니다. 또 다른 관계대명사절인 that절은 앞의 명사 everything을 꾸며 주는 형용사절입니다.

This is **why you have to hurry up for your campsite!**

이것이 얼른 서둘러 자리를 잡아야 하는 이유입니다.

→ 관계부사절 앞에 꾸밈을 받는 명사 the reason이 생략된 경우입니다. 관계부사 why는 명사 the reason과 함께 쓰일 수도 있고 둘 중 하나만 쓸 수도 있습니다.

please send an email to us with *the file* **that we attached below.**

저희가 아래에 첨부한 → *파일*과 함께 이메일을 보내 주세요.

→ 관계대명사 that절은 형용사절로 뒤에 목적어가 생략된 불완전한 절이 왔으며, 앞에 있는 명사 the file을 꾸며 줍니다.

UNIT 4 — 복합관계사절

복합관계사는 우리가 앞서 배운 관계대명사/관계부사에 -ever를 붙인 형태를 말합니다. 복합관계사절은 이런 -ever가 붙은 복합관계사가 쓰인 절입니다.

이런 '복합'적인 관계사가 존재하는 이유는 무엇일까요? 무엇보다 '의미적인 차이'가 가장 큽니다. 즉, '누구든지/뭐든지/언제든지/어디서든지/어떻게든지' 등과 같은 문장을 만들 때 쓰는 문법이어서, 보통의 관계사와 '문법적으로는' 비슷하지만 '의미적으로는' 좀 더 강조해 주는 문법이라고 보면 됩니다. 다음 문장을 보세요.

1. Call me **when you have questions**.
   질문이 있으면 전화해.

2. Call me **whenever you have questions**.
   질문이 있으면 언제든지 전화해.

문장 1과 문장 2에 쓰인 when절과 whenever절은 모두 부사절로, 전체 문장의 문법성은 같습니다. 그러나 의미적으로 보면 '언제든지'의 의미가 있는 문장 2가 문장 1보다 더 편안하게 전화해도 된다는 것을 강조합니다.

01 명사절로 쓰이는 복합관계사

명사절은 둘 이상의 단어로 된, '주어 + 동사'가 있는 단위가 명사 자리(동사 앞, 동사 뒤, 전치사 뒤)에 쓰이는 것을 말합니다. 복합관계대명사는 관계대명사 who, what에 -ever를 붙인 whoever, whatever를 말합니다. 복합관계사가 명사절로 쓰인다는 것은 whoever나 whatever가 명사 자리에 놓인다는 뜻입니다.

Who(m)ever + 불완전한 절

'그게 누구든지, 누구든지 간에'의 뜻입니다. 영어로 풀면 anyone who이며, 명사 자리(동사 앞, 동사 뒤, 전치사 뒤) 중 하나에 위치합니다. 일반관계대명사절처럼 뒤에 불완전한 절이 옵니다.

Whoever drew this on the wall will be punished.

벽에 이걸 그린 사람은 그게 누구든 처벌받게 될 것이다. (whoever절은 동사 will be 앞의 주어로 쓰인 명사절이며, 뒤에 주어가 빠진 불완전한 절이 위치)

I'll give stickers to who(m)ever answers first.

누구든지 먼저 대답하는 사람에게 스티커를 줄 거야. (whomever절은 전치사 to 뒤의 목적어로 쓰인 명사절이며, 뒤에 주어가 빠진 불완전한 절이 위치. 전치사 뒤 목적어 자리에 놓이기 때문에 원칙적으로는 whomever를 쓰지만 구어체 회화체에서는 whoever를 사용)

P L U S

whoever VS. whomever

▸ **Whoever** : 뒤에 오는 절의 주어(동사 앞)가 없다.

Whoever (주어) is elected will have to take this job.

누가 선출되든 간에 (그 사람이) 이 일을 맡아야 할 거야.

▸ **Whomever** : 뒤에 오는 절의 목적어(동사 뒤 혹은 전치사 뒤)가 없다.

Whomever you recommend (동사의 목적어) will be trusted.

네가 추천하는 사람은 누구든지 신뢰를 받을 거야.

I love **whomever you date with (전치사의 목적어)**.

나는 네가 데이트하는 사람은 누구든 다 좋아.

실용 회화에서 관계대명사 whom 대신 who가 쓰이는 것처럼, whomever 대신 whoever가 쓰이는 것이 일반적입니다.

Whatever + 불완전한 절

'그게 뭐든지, 무엇이든지 간에'의 뜻으로 쓰이며, 명사 자리(동사 앞, 동사 뒤, 전치사 뒤) 중 하나에 위치합니다.

Whatever happened between you and me <u>must not be</u> known to others.

너와 나 사이에 일어난 일은 무엇이든 간에 다른 사람들에게 알려져서는 안 돼. (whatever절은 동사 must not be의 주어 자리)

He <u>believes</u> whatever I say.

그는 내가 말하는 것은 무엇이든 믿는다. (whatever절은 동사 believes의 목적어 자리)

Please, don't be frightened <u>by</u> whatever you will see.

네가 무엇을 보든 간에 그걸로 놀라지는 말아 줘. (whatever절은 전치사 by의 목적어 자리)

P L U S

묻지도 따지지도 말고 알아두면 좋은 whatever 표현

▶ **Whatever it takes**

일반적으로 do whatever it takes to ~ 구조로 쓰이며, '~하기 위해 수단과 방법을 가리지 않다, 무슨 수를 써서라도 ~ 하다'의 뜻입니다.

He will **do whatever it takes** to get his status back.

그 사람은 무슨 수를 써서라도 자기 지위를 되찾으려고 할 거야.

When I was told that I was not qualified enough for the company, I decided to **do whatever it takes** to work there.

내가 그 회사에서 일할 자격이 안 된다고 들었을 때, 나는 무슨 수를 써서라도 그 회사에서 일하겠다고 결심했다.

▶ **대답할 때 툭 던지는 Whatever**

질문을 받았을 때 별 관심이 없거나, 아무것이나 상관없을 때 쓰는 표현입니다.

A: What do you want for dinner?

저녁으로 뭐 먹고 싶어?

B: **Whatever**, I don't mind anything.

뭐든. 난 아무거나 상관없어.

→ B의 whatever는 '무엇이든지'의 어감으로 저녁으로 뭘 먹든 상관없다는 의미입니다.

A: Hey, did you hear that those guys gossip about you?

야, 너 저 애들이 너 뒷담화하고 다니는 거 들었어?

B: **Whatever**, I don't care.

어쩌라고. 신경 안 써.

→ B의 whatever는 '어쩌라고'의 어감으로 뒤에서 욕을 하든 말든 신경 안 쓰며 관심 없다는 뜻입니다.

'뭐든 상관이 없다'는 것과 '관심이 없고 신경 안 쓴다'는 다른 어감이라서, 맥락에 따라 이해해야 합니다.

02 부사절로 쓰이는 복합관계사

부사절은 둘 이상의 단어로 된, '주어 + 동사'가 있는 단위이며, 전체 문장에서 빠지더라도 남은 문장이 문법적으로 완전한 것을 말합니다. 복합관계부사는 관계부사 when/where/how에 -ever를 붙인 whenever, wherever, however를 말합니다. 참고로, whyever는 없습니다.

whenever + 완전한 절

'~할 때는 언제든지/~할 때마다'의 뜻으로, 주절의 앞 혹은 뒤에 위치합니다.

Whenever you need help, I'm right here.

네가 도움이 필요할 때는 언제든, 난 여기 있어. **(완전한 절 I'm right here 앞에 위치)**

My cat brings his friend over **whenever he goes out**.

내 고양이는 나갈 때마다 친구를 데려와. **(완전한 절 My cat brings his friend over 뒤에 위치)**

wherever + 완전한 절

'어디든지, 어디서 뭘 하든'의 뜻으로, 주절의 앞 혹은 뒤에 위치합니다.

You can sit **wherever you want**.

원하는 자리에 어디든지 앉으세요. (완전한 절 You can sit 뒤에 위치)

Wherever you go, I go.

네가 어디를 가든지, 나도 간다. (완전한 절 I go 앞에 위치)

however + 완전한 절

how는 그 자체로서는 '방법(어떻게)'을 나타내고, 'how + 형용사/부사'로는 '얼마나 ~인지'의 정도를 나타냅니다. 그래서 'however 형용사/부사 + 주어 + 동사', 'however + 완전한 절' 역시 '얼마나 ~하든 간에' 혹은 '어떻게 ~하든 간에'의 뜻으로 쓰입니다.

However hard it is, I will not give up.

그게 얼마나 힘들든 간에, 난 포기하지 않을 거야. (**정도를 나타내는 however절**)

However you solve this problem, if you can, you are my lifesaver.

이 문제를 어떻게 해결하든 간에, 네가 해결한다면 넌 나의 은인이야. (**방법을 나타내는 however절**)

whoever/whatever + 불완전한 절, + 완전한 절

whoever절과 whatever절이 주절의 앞뒤에 놓여 콤마(,)로 구별될 때는 부사절로 쓰입니다.

Whoever you are, I love you.

당신이 누구든간에 난 당신을 사랑해요. (**완전한 절 I love you 앞에 위치**)

Whatever you do, think of the consequences.

무엇을 하든 간에 결과를 생각해. (**완전한 절 think of the consequences 앞에 위치**)

다르게 읽어 보기

다음 복합관계사가 쓰인 지문을 읽으면서 의미를 확인해 보세요.

Here are a few mindsets of successful people.

1. However hard they try, they think it's not enough and keep digging for gold.
2. They are not afraid to fail because they see failure as a driving force.
3. Whoever they meet, they find the positive in them.
4. They never lose a good attitude wherever they are.
5. They are willing to give opportunities to whoever works hard.
6. They try to be grateful for whatever they have.

성공하는 사람들의 마음가짐
1. 얼마나 열심히 노력하든지 간에, 그들은 충분하지 않다고 생각하며 성과를 내기 위해 계속 한 곳을 팝니다.
2. 그들은 실패를 원동력으로 삼기 때문에 실패하는 것을 두려워하지 않습니다.
3. 그들은 누구를 만나든지 간에 만나는 사람들에게서 긍정적인 면을 찾아냅니다.
4. 어디에 있든지 좋은 태도를 잃지 않습니다.
5. 그들은 누구든지 열심히 일하는 사람에게 기꺼이 기회를 주려 합니다.
6. 그들은 자신이 가진 것이 무엇이든지 간에 감사하려고 노력합니다.

위 조언들에 있는 복합관계사절은 다음과 같습니다.

However hard they try, they think it's not enough and keep digging for gold. (완전한 절 앞의 부사절)

Whoever they meet, they find the positive in them. (완전한 절 앞의 부사절)

They never lose a good attitude **wherever they are**. (완전한 절 뒤의 부사절)

They are willing to give opportunities to **whoever works hard**. (전치사 to 뒤의 명사절)

They try to be grateful for **whatever they have**. (전치사 for 뒤의 명사절)

CHAPTER 3 예의가 묻어나는 간접의문문

간접의문문을 알아야 하는 이유

간접의문문이 왜 '접속사' 파트에 있을까요? 그 이유는 '하나의 절'과 '또 하나의 절'이 이어져 함께 쓰인다는 점 때문입니다.

Do you know where Mr. Kim's office is?

이 문장은 본래 'Do you know?(너 아니?)'와 'Where is Mr. Kim's office?(김 선생님 사무실은 어디에 있어?)'라는 두 문장이 하나로 합쳐진 것입니다. 그러면서 뒤 문장의 어순에 변화가 생깁니다.

그럼, '직접'의문문과 '간접'의문문의 차이는 무엇일까요? 다음 한국어 질문을 보세요.

    1. 몇 살이에요? (직접의문문)

    2. 몇 살인지 물어봐도 돼요? (간접의문문)

어감의 차이에 따라 다르겠지만, 두 질문만 놓고 볼 때 직접의문문보다 간접의문문이 더 격식을 차린, 예의 있는 질문입니다. 바로 이 '격식체'가 간접의문문을 쓰는 이유 중 하나인 거죠. 영어에 존댓말은 없지만, 격식체는 존재합니다. 즉, 격식 차리지 않고 친하게 지내는 관계가 아닌, 예의를 차려야 하는 경우에 쓸 수 있는 다양한 장치들이 존재하며, 그중 하나가 바로 이 간접의문문입니다.

또 간접'의문문'이라는 용어 때문에 많이 오해하는데, 반드시 질문에만 쓰이는 것은 아닙니다. 일반적인 절 뒤에 의문사로 시작하는 의문문이 와서, '하나의 절'과 '다른 절'이 이어지면서 여러 정보를 전달할 때도 다 간접의문문이라고 봅니다.

I could see + how big it was.
난 볼 수 있었어 + 그게 얼마나 큰지

We will decide + whether we stick to this plan or not tomorrow.
우린 결정할 거야 + 이 계획을 계속 밀고 나갈지 말지 내일

위의 문장들은 의문문이 아니라 정보를 전달하는 문장들입니다. 이렇듯 간접'의문문'은 격식을 차린 의문문과 단순히 두 문장이 합쳐진 일반적인 문장에 다양하게 활용된다는 점을 명심하세요.

UNIT 1 간접의문문의 어순

01 의문사가 있는 간접의문문

직접의문문과 비교했을 때 간접의문문의 핵심은 바로 어순이 '의문사 + 주어 + 동사'로 바뀐다는 점입니다. 즉, 의문사를 가장 앞에 둔 평서문과 같습니다. 하지만 아무 때나 이렇게 바뀌는 것은 아닙니다. 이런 간접의 문문을 쓸 수 있게 앞에서 이끄는 표현들이 왔을 때죠. 간접의문문을 이 끄는 대표적인 표현은 다음과 같습니다.

간접의문문을 이끄는 대표적인 표현

> **Do you know…?** ～를 알아요?
>
> **Could I ask…?** ～ 물어봐도 돼요?
>
> **Could you tell me …?** ～인지 말해 주시겠어요?
>
> **I was wondering …** ～인지 궁금하네요 (표면적으로는 의문문이 아니지만 '～이 궁금하다'는 뜻으
> 로 많이 쓰이는 표현입니다.)

"Why did you say that?"
너 왜 그걸 말했니? (**직접의문문**)

Could I ask **why you said that**?
네가 왜 그걸 말했는지 물어봐도 될까? (**간접의문문**)

→ 직접의문문 Why did you say that?이 간접의문문을 이끄는 표현 Could I ask ～ 뒤에 놓이면 서 의문사로 시작하는 의문의 어순은 '의문사(why) + 주어(you) + 동사(said)'로 바뀌었습니다. 직 접의문문의 시제가 과거여서 간접의문문에 쓰인 동사의 시제도 과거로 바뀐 점에 주의하세요.

"Where can I find a convenience store?"
편의점을 어디서 찾을 수 있나요? (**직접의문문**)

Do you know **where I can find a convenience store**?
편의점을 어디서 찾을 수 있는지 아세요? (**간접의문문**)

→ 직접의문문이 간접의문문을 이끄는 표현 뒤에 놓이면서 의문사로 시작하는 의문의 어순은 의 문사(where) + 주어(I) + 동사(can find)로 바뀌었습니다.

"How did these issues come up?"

이 문제들이 어떻게 발생했죠?

Could you tell me **how these issues came up**?

이 문제들이 어떻게 발생했는지 말해 주실래요?

"How far is it to the gas station?"

주유소까지 얼마나 되죠?

Could I ask **how far it is to the gas station**?

주유소까지 얼마나 되는지 여쭤봐도 될까요?

"Where should I put these papers?"

이 서류들을 어디에 두어야 하죠?

I was wondering **where I should put these papers**.

이 서류들을 어디에 둬야 할지 궁금합니다.

02 의문사가 없는 간접의문문

직접의문문일 때 의문사가 없는 질문도 간접의문문으로 활용할 수 있습니다. 이때는 의문사가 들어갈 자리에 if/when을 쓰며, 어순은 'if/whether + 주어 + 동사'인데, if가 더 흔하게 쓰입니다.

의문사가 없는 (직접의문문의) 간접의문문 어순: **if/whether + 주어 + 동사**

"Is she in a meeting now?"

그녀는 지금 회의 중인가요?

Can you tell me **if/whether she is in a meeting now**?

그녀가 회의 중인지 말씀해 주시겠어요?

"Can you help me move next Monday?"

다음 주 월요일에 이사하는 것 좀 도와줄래?

I was wondering **if/whether you can help me move next Monday**.

다음 주 월요일에 이사하는 것 좀 도와줄 수 있는지 궁금해.

"Can I bring something to eat here?"

제가 여기 먹을 걸 가져와도 되나요?

Could you tell me **if/whether I can bring something to eat here?**

제가 여기 먹을 걸 가져와도 되는지 아시나요?

"Is it going to be cold when we arrive?"

우리가 도착할 때 추울까요?

Do you know **if/whether it's going to be cold when we arrive?**

우리가 도착할 때 추울 것 같은지 아세요**?**

직접의문문과 간접의문문의 어감 차이

지금 여러분에게 시계는 없고 휴대폰은 배터리가 꺼져 있어서 지나가던 행인에게 시간을 물어보려고 합니다. 다음 두 질문 중 어떻게 물어봐야 할까요?

What time is it? 몇 시죠? (직접의문문)

Do you know what time it is? 몇 시인지 아세요? (간접의문문)

간접의문문은 직접의문문보다 더 정중한 느낌입니다. 친한 사이이거나 격식을 차리지 않아도 되는 상황에서는 직접적으로 '몇 시야?'라고 물어볼 수 있겠지만, 그렇지 않은 상대나 상황에서는 간접의문문을 통해 정중하게 질문해야 합니다.

간접의문문을 써야 하는 상황은 때마다 천차만별이겠지만, 그 핵심은 '예의를 차려야 하는 상황'입니다. 대표적인 상황들과 예시를 소개합니다.

직장에서

격식을 차릴 때	편하게 바로 물어볼 때
Could you tell me when you can finish the report and hand me over? 언제 보고서 끝내서 나한테 전달해 줄 수 있는지 알려 줄래요?	When can you finish the report and hand me over? 언제 보고서 끝내서 나한테 전달해 줄 수 있어요?
Do you know if/whether there are empty boxes that I can use? 제가 쓸 만한 빈 상자들이 있는지 아세요?	Are there empty boxes that I can use? 내가 쓸 만한 빈 상자들이 있나요?
Could I ask how long it is going to take to get that work done? 그 일 처리하는 데 얼마나 걸릴지 여쭤봐도 돼요?	How long is it going to take to get that work done? 그 일 처리하는 데 얼마나 걸릴 것 같아요?
I was wondering if/whether anyone could help me with my computer. 누구 제가 컴퓨터 하는 것 좀 도와주실 수 있는지 궁금합니다.	Could anyone help me with my computer? 누구 제가 컴퓨터 하는 것 좀 도와주실래요?

그 외 여러 상황에서

격식을 차릴 때	편하게 바로 물어볼 때
Could you recommend us what the best menu is? 제일 괜찮은 메뉴가 뭔지 추천해 주시겠어요?	**What is the best menu?** 제일 괜찮은 메뉴가 뭐예요?
Do you know if/whether I'm on the right track? 제가 제대로 하고 있는지 아시겠어요?	**Am I on the right track?** 제가 제대로 하고 있나요?
I was wondering where the nearest restroom is. 가장 가까운 화장실이 어딘지 궁금해요.	**Where is the nearest restroom?** 가장 가까운 화장실이 어디예요?
Could I ask how I can get to the museum? 박물관까지 어떻게 가는지 여쭤봐도 될까요?	**How can I get to the museum?** 박물관까지 어떻게 가나요?

의문문의 쓰임새가 아닌 간접의문문

앞에서 간접의문문을 이끄는 대표적인 표현들이 의문문이었습니다. 하지만 간접의문문을 이끄는 표현이 평서문일 수도 있습니다. 핵심은 '간접의문문'이라는 이름 때문에 반드시 의문문에만 써야 하는 건가 하는 고정관념을 깨트리는 것입니다.

I wanted to know **when my cousin would leave for New York.**

나는 내 사촌이 언제 뉴욕으로 떠날 것인지 알고 싶었어.

How hard you study English can determine **what your life would look like in the future.**

영어를 얼마나 열심히 공부하는지가 미래에 당신의 삶이 어떨지 결정지을 수도 있다.

→ 각 문장에서 굵은 글씨 부분은 '의문사 + 주어 + 동사'의 간접의문문 어순이며, 평서문에 쓰였습니다. 각각 동사(know, can determine) 뒤와 앞에 위치하여 명사절의 역할을 합니다.

The administration office hasn't determined **how much budget we are allowed to spend.**

행정실은 우리가 얼마의 예산을 쓸 수 있는지 아직 결정하지 않았다.

I didn't know **if/whether this restaurant doesn't open on Thursdays.**

나는 이 식당이 목요일마다 휴무인지 아닌지 몰랐어.

→ 각 문장에서 굵은 글씨 부분의 간접의문문 어순이 일반 평서문(부정문)에 쓰였고, 동사 뒤에 위치합니다.

결론적으로, 간접의문문은 의문문이 아닌 긍정문 혹은 부정문에서도 활용됩니다.

간접의문문이 쓰인 짧은 강연 원고를 보며 확인해 보세요.

Today, I'm going to talk about how a language can influence your reputation.

Let me start off by asking you a simple question. Can you tell me how many words you averagely say a day? You probably don't know the answer because we don't normally count them while saying. Here's the answer. We say at least 7,000 words per day. This is why we should be careful of what we say and how we say it. You could be a better person with your words, or a worse one with them.

So, how do you know whether your words are positive and confident? You can figure this out with the questions below.

오늘, 저는 언어가 어떻게 평판에 영향을 미치는지에 관해 말하고자 합니다.
간단한 질문을 하면서 시작해 보죠. 하루에 자신이 평균 몇 개의 단어를 말하는지 얘기할 수 있습니까? 보통 말을 하면서 단어들을 세어 보지 않기 때문에 아마 모를 겁니다. 제가 답을 드리죠. 우리는 하루에 적어도 7천 개의 단어를 말합니다. 이것이 우리가 평소 말하는 것과 말하는 방식에 신경을 써야 하는 이유입니다. 평소의 말로 인해 더 나은 사람이 될 수도, 더 안 좋은 사람이 될 수도 있으니까요.
그래서 여러분들의 말이 긍정적이고 자신감이 있는지는 어떻게 알까요? 아래 몇 가지 질문들을 통해 알아낼 수 있습니다.

Today, I'm going to talk about how a language can influence your reputation.
→ '의문사(how) + 주어(a language) + 동사(can influence)'의 어순이 일반 긍정문에 쓰인 간접의문문입니다. ← How can a language influence your reputation?

Can you tell me how many words you averagely say a day?
→ '의문사(how many words) + 주어(you) + 동사(say)'의 어순이 의문문에 쓰인 간접의문문입니다. ← How many words do you averagely say a day?

This is why we should be careful of what we say and how we say it.
→ '(why) + 주어(we) + 동사(should be)'는 얼핏 보기에 일반 긍정문에 쓰인 간접의문문인 듯하지만, 앞에 the reason이 생략된 관계부사절입니다. what we say 역시 관계대명사 what절이 전치사 of 뒤의 목적어 자리에 온 것이며, how we say it은 앞에 the way가 생략된 관계부사절입니다.

how do you know **whether your words are positive and confident?**

→ 'whether + 주어(your words) + 동사(are)'의 어순이 의문문에 쓰인 간접의문문입니다.

← Are your words positive and confident?

여기까지 오신 독자분들, 혹은 우연히 맨끝을 펼치신 분들
모두 반갑습니다.
문법, 영어라는 큰 바다에 발을 담근 이후로 소수의 사람을 제외하고는
뭔가 깔끔하게 해결된 느낌을 받은 적이 없는 듯합니다.
그러니 수많이 문법책이 계속 나오는 것이겠지요.
그런 수많은 책 중에
또 하나의 짐을 얹는 건 아닐까 하는 마음도 있지만,
이 원고를 보면서 느낀 첫 생각은 '참신하다'였습니다.
문법으로 의도를 나타낼 수 있다는 그 콘셉트가 마음에 들었고요.
그것을 위해 저자와 많은 의견을 주고받으면서
내용을 더하기도 하고 덜어내기도 했는데요,
그 의도가 얼마나 잘 구현됐는지는
이 책을 보시는 독자님의 판단에 맡기겠습니다.
일단 시작하신다면, 끝까지 한번 밀고 나가 보시기를 바랍니다.
아무쪼록 문법의 'ㅁ'도 싫고, Grammar의 'G'도 싫은 분께,
혹은 문법 공부를 많이 한 것 같은데
아무래도 만족스럽지가 않고 개운하지 않다는 분께
이 책이 도움이 되었으면 하는 마음을 전합니다.